一般社団・財団法人

IPPANSYADAN・ZAIDANHOJIN

財団法人

設立完全マニュアル

第3次改訂版

定款モデルから
登記申請書類まで

福島達也

公益総研 首席研究員兼CEO
公益財団法人公益推進協会 代表理事

JN042275

学陽書房

　これまで、社団法人や財団法人を設立するということは、中央省庁や都道府県庁の厳しい審査の中で、規模や実績などを重視されることから、大変困難なものでした。そこで、どうしても法人格が必要な非営利団体は、やむなく特定非営利活動法人（NPO法人）を設立するケースが多く見受けられました。

　しかし、平成20年12月1日から「一般社団法人及び一般財団法人に関する法律」が施行され、法人格の取得と公益性の判断を分離するという基本方針のもと、営利（剰余金の分配）を目的としない社団や財団について、法人が行う事業の公益性の有無に関わらず、登記のみによって簡便に法人格を取得することができるようになり、「一般社団法人」や「一般財団法人」が次々誕生しました。

　その後、会社法の改正に伴い、「一般社団法人及び一般財団法人に関する法律」も改正され、さらに、民法や税法、商業登記規則や公証人法施行規則の改正などが次々あり、法人の設立手順も変更を余儀なくされてきました。

　さらに、この間、とんでもない未曾有の事態が起きてしまいました。そう、コロナです。この新型コロナウイルスの感染拡大により、政府は、何度も自粛要請や緊急事態宣言の発令を繰り返しました。

　この影響を受け、各企業や団体において、テレワークの導入が進められ、各種ソフトを利用したオンライン会議が実施されていますが、社団法人や財団法人もとてつもない大きな困難に直面しています。

　それは、理事会や社員総会、評議員会の開催方法です。今までのような開催ができなくなり、多くの法人では、書面決議や電磁的方法、さらにはインターネットを駆使したハイブリッド開催など、今日、社団法人や財団

法人の会議方法は大きな転換期を迎えています。

　私自身も、打ち合わせや面談は専らオンライン会議で行うようになりました。毎週のようにあった大阪出張も、ほとんどオンラインで済むようになり、楽になった一面もあります。ただ、人数が多くなると会議の進行が遅延することもありますし、勤務している大学でのオンライン講義を実施してみて、通常の講義よりもさらにはっきりと分かりやすい言葉遣いを心がける必要があるなど、私たち自身がオンライン方式に適応していくことが求められていることを実感しています。

　このように、これからの社団法人や財団法人の運営は、新型コロナウイルス感染症の影響を受け様々な会議や事業そのものをオンラインで実施することを余儀なくされるように思います。

　そのために、本書では、オンライン会議等の注意事項や開催マニュアルなども付けており、貴法人の事務局にとっては、今後の法人運営には欠かせないものとなると自負しております。

　また、本書は、令和に入って次々に起こった法律等の改正にも完全対応したバージョンとして、難しい法律用語をできるだけ易しく解説し、設立にかかわる書類の書き方に至るまで、誰にでもわかるように、また、注意事項を示しながら書き下ろしました。

　この1冊さえあれば、非営利法人を難なく設立できると思いますので、皆様が会社とは全く違う、創造性に富んだ世のため人のため社会のための活動を一般社団法人または一般財団法人として、令和の時代に大いに展開していただければと祈念しています。

令和3年10月吉日

公益総研　首席研究員兼CEO

公益財団法人公益推進協会　代表理事

福島　達也

第**1**章　一般社団・財団法人設立に向けて

第**2**章　一般社団法人をもっと知ろう

第**3**章　一般財団法人をもっと知ろう

法改正等で
ここが変わります！

一般社団法人及び一般財団法人に関する法律の一部改正について

　令和元年12月11日に公布された「会社法の一部を改正する法律の施行に伴う関係法律の整備等に関する法律」の中で、「一般社団法人及び一般財団に関する法律」（以下「一般法人法」といいます。）も改正される法律の一つとなっています。改正内容のうち、下記のポイント1〜3については、令和3年3月1日に施行されました。

ポイント1 成年被後見人等についての役員の欠格事由の削除

　改正後の一般法人法では、一般社団法人の役員の欠格事由から「成年被後見人若しくは被保佐人又は外国の法令上これらと同様に取り扱われている者」が削除されました。

　そのうえで、成年被後見人が役員に就任するには、その成年後見人が本人の同意を得た上で就任承諾しなければならないこととするなど、成年被後見人等が役員に就任する場合の要件が定められました。被保佐人が役員に就任する場合も同様に、その保佐人の同意を得なければなりません。

⇒詳細は69ページ

ポイント2 補償契約及び役員等のために締結される保険契約

　一般社団・財団法人の役員が職務の執行に関し責任の追及に係る請求を受けた場合の費用（弁護士費用など）や第三者からの損害賠償請求に応じた場合などの損失について、法人が補償する契約の内容と手続について規定が整備されました。

　さらに、保険会社と締結する役員賠償責任保険についても、規定が整備されました。

⇒詳細は82ページ

ポイント3 和解についての規程

　監事設置一般社団法人において、社員が理事・清算人等に対して責任追及の訴訟を提起し、当該訴訟において法人が和解するには、監事（監事が2人以上の場合は各監事）の同意を得なければならないこととされます。理事・清算人等の責任の一部免除の議案を理事会に諮るには監事の同意を得なければならないことは現在すでに法律上に定めがありますが、和解する場合についての規定がなかったための新設規定です。

⇒詳細は78ページ

ポイント 4　議決権行使に係る委任状等の閲覧謄写請求に係る拒絶事由の新設

　改正前の一般法人法では、社員総会に自ら出席しない社員が議決権を行使するために法人に提出した委任状、議決権行使書面及び電磁的方法により議決権を行使した場合の電磁的記録について、法人は、社員からの閲覧謄写請求を拒絶することができないこととされていました。

　一方、改正後は、社員がその権利の確保又は行使に関する調査以外の目的で請求を行ったときなど、一定の事由に該当する場合には、社員からの閲覧謄写請求を拒絶することができることとなります。

　これにより、むやみやたらに社員は閲覧謄写請求ができなくなりました。

ポイント 5　社員総会資料の電子提供制度の導入

　社員総会資料等を法人のWebサイトに掲載するなどの方法により社員に提供することを認める制度が導入されました（令和4年9月1日施行）。

　ただし、この制度を導入するためには、定款に定めることが必要となります。

　なお、適用は社団法人のみとなります。

　電子提供が導入されるのは以下の書類です。
① 社員総会参考書類
② 議決権行使書面
③ 計算書類及び事業報告並びに監査報告

　社員数が多い社団法人では、招集通知に添付する資料の印刷コストも多額となり、発送の手間もかかるため、これらの省略化という観点からはメリットがあると思われます。

　しかし、気を付けないといけない点が二つあります。

一つは、電子提供措置を導入する場合、社員総会の招集通知を社員総会の日の2週間前までに発しなければなりません。

　よって、直前になってメールで社員総会資料などを送信してもダメということになります。

　もう一つが最大の難点です。それは事前の同意です。実は、総会の招集通知自体は、電子提供措置を導入したとしても書面送付が原則ですからすぐに送付をやめるわけにはいきません。やめてよいのは、あらかじめ個別に社員から同意を取り、同意が得られた社員に対しのみ電磁的方法で発することが可能となるのです。

　一方、社員から書面の交付を請求された場合には、電子提供事項を記載した書面を交付しなければなりません。この書面交付請求は招集通知を発送する前に行われる必要があり、一度書面交付の請求が行われると、社員が交付請求を撤回するか、交付請求から1年を経過した時に法人が送付する書面交付修了通知への異議が申し立てられないといったことがない限りは、書面交付を継続しなければならないことになります。

　また、電子提供を行う期間は、社員総会の日の3週間前の日又は社員総会の招集通知を発した日のいずれか早い日から、社員総会の日後3ヵ月を経過するまでの期間とされています（令和4年9月1日施行）。

従たる事務所所在地での登記不要

　以前は主たる事務所所在地のみならず、従たる事務所所在地においても登記が必要とされていました。これはかなり手間がかかりました。施行後には、従たる事務所における登記は廃止されることになりました。これにより、主たる事務所所在地で登記するだけで済み、登記が簡素化されると共に、印紙代等の節約にもつながります（令和4年9月1日施行）。

コロナ後の理事会、社員総会、評議員会はこう変わります！

　新型コロナウイルスの感染拡大により、法務省は、「定時株主総会の開催について」（令和3年1月29日最終更新）を公表しました。ここでは、新型コロナウイルス感染症に関連し、定款で定めた時期に定時株主総会を開催することができない状況が生じた場合には、**その状況が解消された後合理的な期間内に定時株主総会を開催すれば足りる**と考えられることのほか、参考情報として、**書面又は電磁的方法により議決権を行使**することも会社法上認められていること（会社法298条1項3号・4号）や、いわゆる**ハイブリッド型の株主総会**（株主に株主総会の開催場所での参加を認めるとともに、株主がオンラインで参加することも許容する方式の株主総会）の運用方法についての情報を掲載しています。

　また、法務省と経済産業省は、「株主総会運営に係るQ&A」（令和2年4月28日最終更新）を公開し、株主総会の招集通知等において、新型コロナウイルスの感染拡大防止のために株主に来場を控えるよう呼びかけることが可能である等の情報を提供しています。

　ただし、来場を控えるよう呼びかけるだけにとどまらず、来場を拒否することが可能とまでは解説されていません。

　社団法人や財団法人については、内閣府公益認定等委員会が「新型コロナウィルス感染症の拡大に伴う公益法人等の運営に関するお知らせ」（令和2年5月18日最終更新）で理事会や社員総会、評議員会の開催についての情報を提供しています。

　ここで大事なことは、未曾有の事態ともいえるコロナ禍にあっても、理事会や社員総会、評議員会の決議に瑕疵があるとされないよう、法令に基

づいてきちんと行わなければならないということです。

　つまり、社員総会等を会議として開催すること自体は必要であり、社員総会であれば社員の方々に書面議決権行使や委任状の仕組みをできるだけ利用してもらうことで、出席する社員の数を減らす方法や、また、一定の投資が必要になりますが、オンラインシステム等を用いて、バーチャルで参加をしてもらう方法なども検討しましょう。

　まずは法令上のルールを正確に理解したうえで、現在官公庁から出されている指針等を取り入れていく必要があります。

　そして、従前よりも国内外を問わず参加できる人が増えるなど、オンライン方式を用いることによる可能性を最大限に活かしていくことが求められるでしょう。

社員総会・評議員会・理事会の開催の留意事項

 開催は状況次第で延期が可能！

　社員総会は毎年事業年度終了後一定の期間内に開くことが求められていて、具体的には、定款に「事業年度終了後2ヵ月以内」や「3ヵ月以内」などと定められていることがほとんどです。

　しかし、昨今のコロナウィルス感染症対策のための緊急事態宣言や外出自粛要請の発令により、社員総会を開催しても開催場所に来られない社員が多数発生することになります。

　例えば3月決算の法人は、例年であれば、6月末までに定時社員総会・評議員会において決算の承認を得て、公益法人は定期提出書類を、移行法人は公益目的支出計画実施報告書を、それぞれ行政庁に提出することとされていますが、コロナ禍においては、事務所での執務が十分にできず、決算作業、事業報告の作成、開催場所の確保、招集通知等の事務が捗らないことから決算の承認のための理事会や定時社員総会・評議員会が後ろ倒しにならざるを得ないことが予想されます。

　この点に関して、内閣府はこのような事態を鑑み、社員総会が定款記載

の時期までに開催できないとしても、開催な困難である「状況が解消された後合理的な期間内に開催していただければ、行政庁としては、その状況を斟酌して対応」すると表明しています。

よって、議決権の代理行使、書面議決権行使（電磁的方法も含む）、テレビ会議、決議省略などの方法を用いることを検討したかどうか、緊急事態宣言の対象となった地域かどうか、地方自治体からの外出自粛要請、施設の使用停止の要請・指示が出ているかどうか、などを行政側が斟酌することになるので、まずは法人内で合理的に判断してできることを検討し、緊急事態宣言・外出自粛要請・休業要請・施設使用停止要請などが解消したあと、可能な方法で社員総会や評議員会を開催しましょう。

ポイント 2　社員総会は議決権の代理行使を使え！

社員総会に関しては、一般法人法50条にあるように、代理人による議決権の行使をフル活用すべきです。つまり、社員又は代理人は、代理権を証明する書面を法人に提出すれば、出席扱いになるので、定数不足で流会になる心配がなくなります。

しかし、残念ながら責任ある職務の者が参加する理事会や評議員会にはこの方法は使えません。
⇒詳細は267ページ

ポイント 3　社員総会は書面・電磁的方法による議決権行使も使え！

こちらも、同法38・39・41・42・51・52条にありますが、議案への賛否を記載した議決権行使書面を郵送や電子メールなどで提出してもらうことによって決議すれば、いちいち議場に行かなくても、自分の意思を明らかにすることができるので、コロナ禍の社員総会には最もピッタリの議決方法といえます。

ただし、法人として、だれからの送付であるのかを電子メールアドレスやFAX番号で照合できるように、社員名簿とともに管理しておく必要があります。

　なお、ほとんどの法人の定款には入っていると思いますが、定款にはあらかじめ「社員総会を招集する際には、郵送や電子メールで議決権を行使することができる旨」を定めておくことが必要です。

　また、残念ながらこちらも責任ある職務の者が参加する理事会や評議員会にはこの方法は使えません。

⇒詳細は267ページ

社員総会・評議員会・理事会は Web会議等を積極的に取り入れよ！

　社員総会、評議員会、理事会のすべての会議において、Web会議、テレビ会議、電話会議などのオンライン会議が利用できます。こちらもコロナ禍の会議運営には欠かせないものとなっています。

　ただし、オンライン会議を行う場合は、出席者が一堂に会するのと同等に、相互に十分議論できる環境を整えなければ会議と認められませんので、放映しっぱなしなど一方通行にならないように十分注意しましょう。

　例えば、参加者同士の表情や発言が相互に確認できる状況での参加であることが必要であり、規程の変更は必ずしも必要ではありませんが、理事会であれば、会議当日には、議長は「○○理事は、遠隔地からの出席である」旨を宣言し、議事録にもその旨を記載することが望ましいでしょう。

　なお、音声のみの参加の場合には、参加者同士の表情を相互に確認できないので、会議の開催時に参加者全員の承諾を得ておくことが適切です。

ポイント 5 可能なら、社員総会・評議員会・理事会は決議の省略が一番簡単！

　通常の会議というのは一堂に会して行うことが一般的ですが、会議の開催自体を省略して、書面やメールで賛否を問い、同意を貰うことで決議のあったものとみなすことができるのが「決議の省略」です。同法58条・96条・194条にありますが、こちらは究極のコロナ禍対応の会議開催方法といわれています。ただし、たくさんの社員がいる法人などには現実的に実施が不可能でしょう。

　というのも、出席者に該当する社員の全員が郵送や電子メールなどにより議案への同意の意思表示をしたときにのみ、その議案について決議があったものとみなされるからです。

　一人でも連絡がつかなかったり、一人でも反対すれば、その議案そのものを決議することができないのです。

　ただし、理事会や評議員会のように、該当する者が数人から十数人程度であれば、全員から同意を取ることは十分可能になりますので、是非チャレンジしてみましょう。

　なお、理事会は定款の定めが必要ですが、社員総会や評議員会については定款の定めがなくとも「決議の省略」を用いることが可能です。

⇒詳細は157、262ページ

なお、公益法人等、行政庁への書類の提出が伴う法人は、下記の点も留意しましょう。

ポイント 1 提出期限はやむを得なければ遅れて提出してもよい？？

　公益法人や移行一般法人の場合は、内閣府や都道府県知事などに定期的な報告が義務付けられていますが、今般の新型コロナウイルス感染症に伴う影響のように、やむを得ない事由により、事業計画書、収支予算書、財産目録、計算書類、事業報告などの書類の行政庁への提出が遅れる場合は、その状況を斟酌して対応すればよいことになっています。

　出勤の7割削減、8割削減などが提唱され、テレワークなど自宅作業をせざるを得ないとしても、情報管理上、自宅に持ち帰ることが許されないものがあることから、決算作業等の遅れはこういうコロナ禍において、やむを得ません。また、感染症の拡大に歯止めがかかり、収束に向かうとしても、5月、6月の理事会、定時社員総会や評議員会の日程が後ろ倒しになり、最悪の場合には期限内の定期提出書類の行政庁への提出が出来ない法人が多いことでしょう。

　「その状況を斟酌して対応」とは、ただ漫然と遅れるのではなく、法人としてできうる限りの工夫を追求したが、やむを得ない「遅れ」であったことを説明できるように準備しておく必要があると考えます。

　ただし、提出しないことは許されていませんので、時間がかかっても必ず提出しましょう。

収支相償にも寛大な措置がある？？

　公益法人の場合、公益目的事業の収入に関しては、事業の収入が支出を上回ることは許されていませんが、今般の事態のため事業を中止・延期して予定どおり支出できず、単年度で収入が費用を上回っても、行政庁はその状況を斟酌して対応することになっています。

　もとより「収支相償」とは、単年度の収支が必ず均衡するよう杓子定規に求めるものではなく、翌年度以降の計画的な解消などによって中長期的に収支が均衡すれば、これを満たすものとして運用されていますので、複数年単位で検討すればよいでしょう。もちろん、その年だけ目をつむるということではありません。

新型コロナウイルス感染症対策に伴う事業を開始する場合は事前の変更認定申請は不要！

　もともと公益法人であっても、既存の公益目的事業における受益の対象や規模が拡大するに止まるなど、事業の公益性についての判断が明らかに変わらない場合は、事後の変更届出で済むことになっていますが、既存の公益目的事業の範囲を超える場合には変更認定申請が必要です。

　しかし、今回のコロナ禍においては、そのようなコロナ対策等の特別な事業については、事業開始後の合理的な期間内に変更認定申請を提出すればよいことになっていますので、コロナ禍の人々の暮らしによいと思うことは躊躇なく行ってよいのです。

凡　例

一般法人法	一般社団法人及び一般財団法人に関する法律（平成 18 年 6 月 2 日法律第 48 号）
認定法	公益社団法人及び公益財団法人の認定等に関する法律（平成 18 年 6 月 2 日法律第 49 号）

登記・供託オンライン申請システムによる
登記事項の提出について

　現在、法人の設立は、書面によって商業・法人登記の申請を行う場合が一般的ですが、登記事項をあらかじめ法務省のホームページ「登記・供託オンライン申請システム」を利用して送信し、提出することができます。

　この方式には、次のようなメリットがあります。

・申請用総合ソフト（無料）を用いることにより、申請書を簡単に作成することができます。

・オンラインによって、受付番号、補正、手続終了等のお知らせを受けることができます。

・電子署名及び電子証明書を添付する必要はありません。

　オンラインによる登記事項提出手続の流れは以下の通りです。

1．事前準備（この手続は，初回のみ必要となります。）
　　（申請用総合ソフトのダウンロード等）
　　　　　↓
2．登記事項提出書の作成・送信
　　（申請用総合ソフトにより登記事項提出書を作成、送信）
　　　　　↓
3．申請書の作成・登記所への提出
　　（作成した登記事項提出書を印刷して申請書を作成し、添付書類等とともに登記所に提出）
　　　　　↓
登記所における処理

以上の通り、最終的には、登記事項提出書を印刷し、その申請書及び委任状に押印をして、さらに申請書には登録免許税分の領収証書又は収入印紙を収入印紙貼付用の台紙（白紙で差し支えありません。）に貼付して合わせとじ、各ページに契印をして、添付書面、印鑑届書及び印刷した到達通知とともに、法務局に持参又は郵送の方法により登記所に提出することになります。

　ただし、令和3年2月15日に商業登記規則等の一部を改正する省令が施行され、令和3年2月15日から、オンライン申請の場合には、印鑑の提出が任意になりましたので、その点は楽になりました。

　しかし、商業登記電子証明書のオンライン申請には、あらかじめ公的個人認証（マイナンバーカード）等の電子証明書を取得しておくことが必要でありかなり手間がかかります。

　また、オンライン申請に必要な電子証明書を持っていない場合は書面（窓口・郵送）でも商業登記電子証明書を申請することができますが、結局これも持参又は郵送ということになりますので、本書では、1回の設立登記のためにわざわざ申請用のソフトをダウンロードしたり、マイナンバーカードを提出したりするリスクなどを考慮し、オンライン申請のメリットはあまり感じられませんので、オーソドックスな書面で提出する方法で解説しています。

第 **1** 章

一般社団・財団法人 設立に向けて

1 法人格取得方法が とても簡単に！

■すぐに設立できる！「一般社団・財団法人」

　以前は法人格の取得というと、株式会社などの営利団体に比較して、民法34条で規定された公益法人（社団法人・財団法人）やその特別法で規定された特定非営利活動法人（NPO法人）などの非営利団体の方がはるかに困難でした。

　しかし、平成20年12月1日から施行された「一般社団法人及び一般財団法人に関する法律」では、法人格の取得と公益性の判断を分離するという基本方針のもと、営利（剰余金の分配）を目的としない社団や財団について、法人が行う事業の公益性の有無に関わらず、登記のみによって簡便に法人格を取得することができるようになりました。

　これにより、**誰でも、資金なし（一般財団法人は拠出金が最低300万円必要）で簡単に法人を設立することができるようになり、さらに一定の条件をクリアすれば、税制上の優遇措置も受けられる**ようになりました。

　特に、役員の数が少なく、拠出金もいらない一般社団法人は急激に増え、毎年設立される一般社団法人は5000法人を超えています。2018年に設立された「一般社団法人」は5,982社（東京商工リサーチ調べ）で、2008年に調査を開始以来、初めて前年を割り込んだものの、新設法人の法人格では、「株式会社」、「合同会社」に次いで3番目に多いのです。ただ、相続税対策を意図した「一般社団法人」の設立が割と多かったものの、2018年度の税制改正で相続税などが見直され、メリットが薄まったことも影響して少し伸びが鈍化しています。

では、どれだけ簡単かというと、一般社団・財団法人の設立には、一切の許認可が必要ないということが最大の特長でしょう。NPO法人は、所轄庁の認証を受け、登記を完了することによって成立しますが、一般社団・財団法人は、所轄庁などの許認可を必要とせず、公証役場で定款の認証を受けたら、法務局で登記をするだけで設立できるのです。

　設立の期間もそれほどの時間を要しません。

　NPO法人は、所轄庁に書類提出後の縦覧期間を経て、その後に書面審査がなされ、申請から認証を得るまで最短で2ヵ月くらいかかり、さらにそこから登記ということになりますが、一般社団・財団法人の場合は、公証役場で定款の認証を受けてすぐに登記をすることができるので、急げば2週間以内に設立することも可能なのです。

　こんなに簡単に一般社団・財団法人は設立できるので、であれば法律家にお金を払って設立を依頼するよりも、自分でやってしまおうという人も多いことでしょう。ただし、書類は相変わらず複雑なので、何も見ないですぐに設立することは難しいでしょう。是非このマニュアルを見ながら、サクッと設立してみましょう。

2 法人設立の前に 考えておくこと

■法人設立後の見通しを立てよう

　一般社団法人は、資金を必要とせず、誰でも簡単に設立することができる法人です（**一般財団法人**の設立は、申請自体は**一般社団法人**と同じく簡単ですが、最低財産が300万円以上必要です）が、団体がその活動を持続させ発展させるには、社会的信用度を高め続けていく必要があります。そのためには決められた諸手続を適切に行い、会計帳簿等をきちんと整備し、客観的な資料に基づく情報公開資料を作成しなければなりません。

　また、継続して安定した活動を行うためには資金の確保が何よりも重要です。少なくとも法人化後、早い時期に独立した事務所を置き、専従の職員を確保する事ができるかどうかが、法人化へ踏み切る際のポイントとなるのではないでしょうか。

■既存の団体が一般社団・財団法人になるには？

　既に法人格をもたずに活動している任意団体の場合、既存の組織や活動内容をそのまま一般社団・財団法人に移行できるかどうかの検討が必要となります。またその団体の代表名義で不動産を所有している場合は、登記名義の変更に伴う税金の額等も考慮して、法人化の利害得失を判断しなければなりません。

　このように法人化に際しては、あらゆる角度からの慎重な検討が必要となります。

3 公益法人とは違うのか

■「一般社団・財団法人」は公益法人ではない

　「一般社団法人」「一般財団法人」は公益法人ではありません。

　もし、公益法人と名乗りたければ、行政庁が公益性があると認定した団体である「**公益社団法人**」「**公益財団法人**」にならなければなりません。

　公益法人になると、寄附金の優遇措置等が適用されることになります。

　ただ、どんな団体でも簡単に公益法人になれるわけではありません。内閣府に設置する第三者機関「公益認定等委員会」の有識者7人（都道府県では合議制の機関の委員数人）が、公益法人の認定や取消し等の措置の判断をすることになります。

　そして委員会の関与のもとで内閣総理大臣又は都道府県知事が認定を行うことになります。

　一般社団・財団法人は、人々の自由な活動を促進し、財産の社会的な活用を促進するという観点から、誰でも簡便に設立できるようになっていますが、公益法人になるのは、かなり高いハードルがあるといっても過言ではないでしょう。詳しくは、姉妹本『新公益法人になるための公益認定完全ガイド』（学陽書房、2008年）をご覧ください。

●4つの法人格

1階部分は登記のみで設立できるが公益法人と名乗れない
2階部分は公益認定のハードルは高いが公益法人と名乗れる

公益認定のしくみ

一般社団法人
一般財団法人
➡ 認定（公益性あり） ➡ 公益社団法人
公益財団法人

不認定（公益性なし） ➡ 一般社団法人
一般財団法人

一般社団法人の主な特色

○団体の公益性や目的は問わず、登記だけで設立可能。

○社員2人以上で設立可能。

○設立時の財産保有規制は設けない。

○社員、社員総会及び理事は必ず置くこと。評議員は通常置かない。

○理事会、監事又は会計監査人の設置が可能。

○設立時財産は必要ないが、基金制度の採用が可能。

○社員による代表訴訟制度がある。

○原則課税のグループと原則非課税のグループに区分。

一般財団法人の主な特色

○団体の公益性や目的は問わず、登記だけで設立可能。

○設立者は、設立時に300万円以上の財産を拠出。

○財団の目的は、その変更に関する規定を定款に定めない限り、変更不可。

○評議会、評議員会理事、理事会及び監事は必置。

○理事及び監事の業務執行を監督し、かつ、法人の重要な事項を評議員会で
　決定。

○会計監査人の設置が可能。

○原則課税のグループと原則非課税のグループに区分。

4 公益法人をめざすための事業とは

　一般社団・財団法人を設立した後に、公益認定を受けて「**公益社団法人**」「**公益財団法人**」になることをめざすなら、公益認定の対象となる下記の23の公益事業を主な目的としなければなりません。そのほかにも公益認定を受けるためにはかなり高いハードルが要求されます。詳しい認定基準については、次ページをご覧ください。

**「公益社団法人」「公益財団法人」に認定されるための
23の公益目的事業**

（1）学術、科学技術の振興　（2）文化、芸術の振興

（3）障害者、生活困窮者、事故・災害・犯罪の被害者の支援

（4）高齢者福祉の増進　（5）勤労意欲のある者への就労支援

（6）公衆衛生の向上　（7）児童、青少年の健全育成

（8）勤労者の福祉向上

（9）教育、スポーツを通じて国民の心身の健全発達に寄与又は
　　豊かな人間性を涵養

（10）犯罪防止、治安維持　（11）事故、災害の防止

（12）人種、性別等による不当差別や偏見の防止、根絶

（13）思想、良心、信教、表現の自由の尊重、擁護

（14）男女共同参画社会の形成推進、その他より良い社会の形成
　　　推進

（15）国際相互理解の促進、開発途上地域への経済協力

（16）地球環境保全、自然環境保護・整備

（17）国土の利用、整備、保全

（18）国政の健全な運営確保　（19）地域社会の健全な発展

（20）公正、自由な経済活動の機会確保、促進、活性化による国
　　　民生活の安定向上

（21）国民生活に不可欠な物資、エネルギー等の安定供給の確保

（22）一般消費者の利益の擁護、増進

（23）その他、公益に関する事業として政令で定めるもの

認定法で示された公益認定の主な基準18項目（同法5条参考）

① 公益目的事業（前ページ参照）が主たる目的である

② 公益目的事業を行うための経理的基礎や技術的能力がある

③ 社員、評議員、理事、監事、使用人等に特別な利益を与えない

④ 会社経営者、特定の個人、特定の団体などに寄附や特別の利益を与えない

⑤ 投機的な取引、高利の融資、公の秩序や善良の風俗を害するおそれのある事業を行わない

⑥ 公益目的事業の収入がその実施に要する適正な費用を超えない

⑦ 収益事業等を行う場合、公益目的事業の実施に支障をきたさない

⑧ 公益目的事業比率が50％以上ある

⑨ 遊休財産額が1年間の公益目的事業の実施費用に準ずる額を超えない

⑩ 理事（監事）の親族等の合計数が理事（監事）総数の3分の1を超えない

⑪ 他の同一団体の理事（監事）、使用人等の合計数が理事（監事）総数の3分の1を超えない

⑫ 基準を上回る大規模法人の場合は、原則として会計監査人を置いている

⑬ 理事・監事・評議員に対する報酬等が民間事業者に比べて不当に高い基準ではない

⑭ ・一般社団法人が社員資格の得喪に不当に差別的な条件をつけていない
　 ・一般社団法人が社員総会で行使できる議決権の数や条件等に関する定款の定めがある場合、次のいずれにも該当すること
　　 ア　社員の議決権に関して、不当に差別的な取扱いをしない
　　 イ　社員の議決権に関して、会費等に応じて票に差をつけない
　 ・一般社団法人で理事会を置いている

⑮ 原則として他の団体の意思決定に関与できる株式や内閣府令で定める財産を保有しない

⑯ 公益目的事業を行うために不可欠な特定財産がある場合、その旨や維持及び処分の制限について定款で定めている

⑰ 公益認定の取消し処分や合併により法人が消滅した場合、公益目的取得財産残額を、その公益認定取消し日又は合併日から1箇月以内に類似事業目的の公益法人等に贈与することを定款で定めている

⑱ 清算をする場合、残余財産を類似事業目的の公益法人等に帰属させることを定款で定めている

5 会社との違いは何か

　株式会社も**一般社団・財団法人**も、公証役場で定款の認証を受け、登記するだけで設立できる点は同じです。

　決定的な違いは、株式会社がたった1人でも設立できるのに対し、**一般社団法人**は、理事会を置かない場合でも最低議決権をもつ社員（議決権をもつ会員）2人は必要です。**一般財団法人**は、理事3人以上、監事1人以上、評議員3人以上、合計7人以上が必要です。

　設立費用はどうでしょうか。株式会社も**一般社団・財団法人**も、定款の公証人認証手数料は同じく約5万円必要ですが、株式会社はそれ以外に印紙代が4万円必要になります（電子認証以外の場合）。また、設立登記登録免許税も一般社団・財団法人が6万円なのに対し、株式会社は最低料金15万円以上が必要です。そのあたりが一般社団・財団法人と違っています。

　活動内容は、違うようで実際はまったく違いはありません。**一般社団・財団法人**は、公益事業しかできないと思っている人が多いのですが、実は株式会社と同じく、利益追求型の私益事業をしても、会員のための共益事業をしてもよいのです。違いは、株式会社は株主（出資者）に配当を出すのが基本ですが、**一般社団・財団法人**は非営利なので、剰余金等の分配（社員や設立者への配当）は原則として禁止です。**なお、給与・アルバイト代は事業運営上必要な管理費として認められています。給与・アルバイト代は剰余金の分配にあたりません。**

6 NPO法人との違いは何か

　NPO法人というのは、**一般社団・財団法人**にとても似ている法人格です。非営利であり（剰余金を分配しない）、一般社団法人と同じく会員を主体としており、また、一般財団法人と同じく、寄附金を受け入れる活動です。

　ただし、NPO法人には、**一般社団・財団法人**と決定的に違う点があります。具体的には以下の3点です。

・**NPO法人は登記の前に所轄庁の認証を受ける必要がある。**
・**NPO法人は公証人役場で定款の認証を必要としない。**
・**NPO法人は設立後の管理も所轄庁が行う。**

　また、設立するうえでNPO法人が大変なのは、社員（議決権をもつ会員）の人数です。**一般社団法人**は、社員は2人でも設立できますが、NPO法人では、最低10人の社員が必要です。

　設立費用は、逆にNPO法人が有利です。**一般社団・財団法人**の場合、定款の公証人認証手数料に約5万円、設立登記登録免許税が6万円必要ですが、NPO法人の場合は一切かからないのです（ただし、一般財団法人は、設立者が300万円以上の財産の拠出を行うことが義務づけられています）。

　つまり、NPO法人の設立は、**一般社団法人**と比べ少なくとも11万円程度設立にかかる費用が安いことになります。

　もっとも、設立までの時間はNPO法人のほうが明らかにかかります。申請書提出から設立の認証まで最長でも約3ヵ月かかるので、急いで設立したい場合は、**一般社団・財団法人**のほうが適しているでしょう。

●非営利法人の比較

法人格	一般社団法人 一般財団法人 （一般法人）		公益社団法人 公益財団法人 （公益法人）	NPO法人	認定NPO法人
根拠法	一般社団法人及び一般 財団法人に関する法律		公益社団法人及び公益財団 法人の認定等に関する法律	特定非営利 活動促進法	特定非営利 活動促進法
事業内容	公益事業 収益事業		23の公益目的事業	20の特定非営利事業 その他の事業	20の特定非営利事業 その他の事業
設立手続	設立登記のみ		一般法人設立後に行 政庁に公益認定申請	所轄庁の認証後に 設立登記	設立後に所轄庁に 申請
設立時 資金・基金	社団　不要 財団　300万円以上		一般法人と同じ	不要	不要
社員又は 設立者数	社団　2人以上 財団　設立者1人以上		一般法人と同じ	10人以上	10人以上
理事数	社団　理事会設置 　　　なら3人以上 財団　3人以上		一般法人と同じ	3人以上	3人以上
監事数	社団　理事会設置 　　　なら1人以上 財団　1人以上		一般法人と同じ	1人以上	1人以上
会計監査人	基本的には不要 大規模法人なら1人以上		基準超えたら 1人以上設置	不要	不要
評議員	社団　不要 財団　3人以上		一般法人と同じ	不要	不要
所轄庁	な　し		な　し	都道府県庁 又は政令指定都市	都道府県庁 又は政令指定都市
監　督	な　し		都道府県庁 又は内閣府	所轄庁と同じ	所轄庁と同じ
許認可等	な　し		公益性の認定のみ	認　証	認　定
設立難易度	やさしい		かなり難しい	比較的簡単	認定はかなり難しい
法人取得に 要する期間	1ヵ月以内可能		認定に相当期間	最長でも約3ヵ月	2事業年度 終了後から
公益性への信頼度	なくてよい		高い	ある程度はあり	あり
税制優遇	営利型かにより 課税・非課税に 2分される		原則非課税 公益目的以外課税	原則非課税 収益事業課税	原則非課税 収益事業課税
法人税率	23.2%※		23.2%※	23.2%※	23.2%※
寄附金優遇	営利型かにより 課税・非課税に 2分される		あ　り	な　し	あ　り
報　告	な　し		公益性判定のために 毎年度行政に提出	国民閲覧のために 毎年度所轄庁に提出	国民閲覧のために 毎年度所轄庁に提出
法人格取消し	な　し		公益認定の 取消しあり	認証取消しで解散	認定取消しで解散

※所得金額年800万円以下の部分は15%

7 法人化のメリット・デメリット

　よく、法人化するとどんなメリットがあるのか、デメリットは何か、という相談があります。

　メリットが多ければ法人化しよう。逆に、デメリットが多ければやめよう、と考えているのでしょう。

　では、メリット・デメリットを検証してみます。

■メリット①　社会的信用の増加

　たとえば、個人で行動する場合と、法人として行動する場合とでは、相手の対応や受け取り方が異なります。よほど著名な人は別として、通常は法人としての行動のほうが相手からの信頼感は高まります。

　法人化すると、任意団体と違って銀行口座が作れるのも信用の増加によるものです。

■メリット②　団体名による登記

　人格なき社団いわゆる任意団体の場合、団体名義では登記ができないので、代表者名で登記したり契約したりすることになりますが、何らかの事情で代表者が変わればその度に、登記や契約の名義変更をしなければならず、その都度、譲渡なのか単なる名義変更なのかで手続が面倒なことになりかねません。

　また、代表者が死亡した場合、代表者個人名義の財産の処理をめぐって遺族とのトラブルに巻き込まれることもあります。また、その団体が経営的に破綻した場合、代表者が単独で責任を追及されるおそれもないとはいえません。このほか、

団体の運営を代表者以外の会員が完全に掌握していない場合や、いつの間にか団体活動が自然消滅した場合、財産をめぐるトラブルが生ずることもあります。

法人化すると、法人名で登記もできますし、契約をすることもできます。建物や財産なども法人で所有することになり、誰かに帰属することは基本的にありません。

■メリット③　従業員の採用にも有利

従業員の採用を考えた場合、個人事業主や任意団体より法人のほうが有利であり、優秀な人材を集めることができます。従業員にとっても、法人に勤務するほうが、個人事業所や任意団体に勤務する場合よりも、勤労意欲が高まると考えられます。

■メリット④　受けやすい事業委託・補助金

介護保険事業や障害者総合支援事業を行う場合、都道府県から指定を受けることが必要ですが、その指定を受けるには、法人化が義務づけられています。任意団体ではこれらの事業はできません。介護保険事業や障害者総合支援事業以外でも、行政からの事業委託を受ける場合は、法人化が義務づけられていることが多いのです。

行政からの補助金や助成金も同様です。すべてが法人化を義務づけているわけではありませんが、民間助成団体の助成金であっても、最近はその傾向が強いのです。

以上のように、メリットも多いのですが、その逆にデメリットもあります。

法人化によって、社会的信用は確かに増加する一方で、社会的信用を裏づける団体内部の管理強化が必要になります。法人化による問題点、あえていえばデメリットは次のとおり

です。

■デメリット①　活動内容の制約

　法人化により、事業計画や収支予算の厳守がこれまで以上に強く求められます。また、事業内容は定款の制約を受け、事業内容を変更しようとすると定款の変更が必要になり、そのためには定款で定められた機関（総会や理事会又は評議会）での決議が必要となります。

■デメリット②　厳正な事務処理

　経理は、正規の簿記の原則に基づいて処理を行う必要があります。したがって、ある程度の知識をもった経理担当者が必要になるか、税理士等に経理処理を代行してもらう必要があります。また、事務所開設に伴い、法人としての種々の届出、手続も必要です。

　このほか、毎年、事業報告書や収支計算書等の資料の備付けと、その資料の機関決定（社員総会や理事会又は評議会による承認決議）が義務づけられます。

■デメリット③　税務申告義務

　従来、存在すらわからなかった任意団体が、法人化することによって納税主体として税務当局に認知されますので、当然のことながら、収益事業を行えば法人として税務申告義務が生ずることになります。ただし、一定の条件を満たした一般社団・財団法人は非営利型法人とみなされ、（27〜31ページ参照）法人税法上の収益事業以外は法人税の対象ではないため、税務申告は、税務署への届出は必要ありません。

　もっとも、地方税には法人住民税等、収益事業をしない団体であっても免除されないものがありますので、注意が必要です。

■非営利型かそれ以外か

一般社団・財団法人は税制上、非営利型法人かそうでない
かで2つに分かれます。

非営利型法人の場合：剰余金の分配を行わないこと等を定
款に定めているか、又は会員に共通する利益を図る活動を行
うことを主たる目的としている場合は「非営利型法人」とさ
れ、「**収益事業から生じた所得が課税対象となる一般社団法
人・一般財団法人**」として、各事業年度の所得の金額のうち、
収益事業から生じた所得についてのみ、法人税が課税されま
す。これとまったく同じ税制なのがNPO法人です。NPO法
人と**一般社団・財団法人**のどちらを選ぶか迷っている団体の
悩みは、これで永遠に尽きないかもしれません。

非営利型法人でない場合：「**全所得が課税対象となる一般
社団法人・一般財団法人**」となり、これについては、法人税
法上は、普通法人とまったく同じ税制となります。株式会社
と同じ税制といえばわかりやすいでしょう。

つまり、全所得課税ということになると、いくら収益事業
はしていなくても、会費や寄附金、補助金等もすべて課税さ
れることになります。ということで、どうやら非営利型法人
でない場合がいちばん損をしそうです。

ただ、収入と支出がほぼ同額になる法人であれば、法人税
の心配もいらないし、税金計算も実に簡単だし、こちらのほ
うが簡単でよいかもしれません。

●法人の課税の範囲と税率

	NPO 法人	一般社団法人・一般財団法人	
		非営利型法人	非営利型法人以外の法人《普通法人》
課税所得の範囲	収益事業により生じた所得に対して課税	収益事業により生じた所得に対して課税	すべての所得に対して課税
法人税率	23.2%（所得金額年 800 万円以下の金額までは 15%）		

■非営利型法人の決め方

　税制上は、非営利型法人である収益事業課税グループとそれ以外の全所得課税グループに分かれますが、それをどのような基準で分けるのかは大変気になるところです。

　なぜなら、公益法人のように第三者機関である公益認定等委員会が判断してくれるわけではないので、その判断を自分たちでしなくてはならないからです。

　万が一、間違った判断で収益事業のみへの課税だと思って税金を過少に申告していたりすると、後で大変なことになるでしょう。ですから、この判断については専門家に委ねるなど慎重な対応が求められます。

　まず、非営利型法人（収益事業課税グループ）についてですが、正式には**「収益事業課税が適用される一般社団法人及び一般財団法人」**と呼ばれ、「非営利型法人」が通称です。

　この非営利型法人には、２つのタイプがあります。40ページの表に示しましたが、一方は剰余金や残余財産を分配しない、NPO法人のような「完全非営利型（イ）」で、もう一方は、同業者組合や学術団体等の会費でほとんどを賄う「会

員親睦交流型（ロ）」です。

　非営利型法人の場合は、収益事業を営む場合に限り、法人税の納税義務が生ずることになります。

　では、「完全非営利型（イ）」と「会員親睦交流型（ロ）」の条件を詳しくみていきましょう。

　まず、「完全非営利型（イ）」ですが、剰余金の分配を行わないことや解散時の残余財産を国若しくは地方公共団体又は公益法人等に寄附する旨が定款に定められていることが必要です。

　さらに、理事等の親族制限違反や過去に定款違反がないこと等をすべて満たせば、「非営利型法人」と認められるのです。「会員親睦交流型（ロ）」は、会員の相互の支援、交流、連絡などを主たる目的としている団体のことで、会費の額を社員総会や評議員会で定めることを定款等に記載する必要があります。そして、「完全非営利型（イ）」と同じように、公益法人等以外の特定の個人又は団体に剰余金を分配したり残余財産を寄附したりすることが定款に記載されていないことが必要です。

　さらに、理事等の親族制限違反がないこと、主たる事業として収益事業を行っていないこと、特定の個人又は団体に特別の利益を与えないこと等、すべての条件を満たせば、原則非課税となる「会員親睦交流型の**一般社団法人・財団法人**」と認められます。

　詳しくは次ページの表をご覧ください。

●非営利型法人の要件（法人税法２条９号の２、法人税法施行令３条）

類 型	要 件
（イ）その行う事業により利益を得ること又はその得た利益を分配することを目的としない法人であってその事業を運営するための組織が適正であるものとして右欄に掲げる要件のすべてに該当するもの（注１）	①　その定款に剰余金の分配を行わない旨の定めがあること。
	②　その定款に解散したときはその残余財産が国若しくは地方公共団体又は次に掲げる法人に帰属する旨の定めがあること。 ｉ　公益社団法人又は公益財団法人 ⅱ　認定法第５条第 17 号イからトまでに掲げる法人
	③　①及び②の定款の定めに反する行為（①、②及び④に掲げる要件のすべてに該当していた期間において、剰余金の分配又は残余財産の分配若しくは引渡し以外の方法〔合併による資産の移転を含みます〕により特定の個人又は団体に特別の利益を与えることを含みます）を行うことを決定し、又は行ったことがないこと。
	④　各理事（清算人を含みます。以下同じです）について、その理事及びその理事の配偶者又は３親等以内の親族その他のその理事と一定の特殊の関係のある者（注２）である理事の合計数の理事の総数のうちに占める割合が、３分の１以下であること（注３）。
（ロ）その会員から受け入れる会費によりその会員に共通する利益を図るための事業を行う法人であってその事業を運営するための組織が適正である	①　その会員の相互の支援、交流、連絡その他のその会員に共通する利益を図る活動を行うことをその主たる目的としていること。
	②　その定款（定款に基づく約款その他これに準ずるものを含みます）に、その会員が会費として負担すべき金銭の額の定め又はその金銭の額を社員総会若しくは評議員会の決議により定める旨の定めがあること。
	③　その主たる事業として収益事業を行っていないこと。
	④　その定款に特定の個人又は団体に剰余金の分配を受ける権利を与える旨の定めがないこと。

ものとして右欄に掲げる要件のすべてに該当するもの（注1）	⑤　その定款に解散したときはその残余財産が特定の個人又は団体（国若しくは地方公共団体、上記（イ）②ⅰ若しくはⅱに掲げる法人又はその目的と類似の目的を有する他の一般社団法人若しくは一般財団法人を除きます）に帰属する旨の定めがないこと。
	⑥　①から⑤まで及び⑦に掲げる要件のすべてに該当していた期間において、特定の個人又は団体に剰余金の分配その他の方法（合併による資産の移転を含みます）により特別の利益を与えることを決定し、又は与えたことがないこと。
	⑦　各理事について、その理事及びその理事の配偶者又は3親等以内の親族その他のその理事と一定の特殊の関係のある者（注2）である理事の合計数の理事の総数のうちに占める割合が、3分の1以下であること（注3）。

（注）
1　清算中に表の右欄に掲げる要件のすべてに該当することとなったものを除きます。
2　理事と一定の特殊の関係のある者は、次の者をいいます（法人税法施行規則2条の2第1項）。
　ⅰ　その理事の配偶者
　ⅱ　その理事の3親等以内の親族
　ⅲ　その理事と婚姻の届出をしていないが事実上婚姻関係と同様の事情にある者
　ⅳ　その理事の使用人
　ⅴ　ⅰ～ⅳ以外の者でその理事から受ける金銭その他の資産によって生計を維持しているもの
　ⅵ　ⅲ～ⅴの者と生計を一にするこれらの者の配偶者又は3親等以内の親族
3　一般社団法人又は一般財団法人の使用人（職制上使用人としての地位のみを有する者に限ります）以外の者でその一般社団法人又は一般財団法人の経営に従事しているものは、その一般社団法人又は一般財団法人の理事とみなして、上記（イ）④又は（ロ）⑦の要件を満たすかどうかの判定をします（法人税法施行令3条3項）。

出典：「新たな公益法人関係税制の手引」平成24年9月（国税庁）

9 法人化の際の名義変更等

　任意団体が法人化をする場合、所有する財産の名義変更等に関し、様々な問題が生じます。以下に列記します。

■① 自動車の名義変更

　自動車の名義変更に際して、車庫証明、名義変更に伴う登記手続等の諸費用がかかります。また、自動車保険の無事故割引の継承ができるかどうかの確認も必要です（詳細は自動車販売店、セールスマン、保険会社に相談）。

■② 不動産の名義変更

　不動産の名義変更には、登録免許税、不動産取得税、譲渡益課税等の税が課せられることがあります（詳細は税務署や税理士に相談）。

■③ 事務所の賃貸借等の名義変更

　事務所の賃貸借等、名義変更に伴い、新たに契約を締結し直す必要が生ずる場合があります（家主との交渉）。

■④ 借入金

　借入金について、金融機関（債権者）と相談する必要があり、場合によっては新たな条件、負担が生ずる場合も考えられます（債権者との交渉）。

　既存の任意団体を法人化する場合には名義変更以外にも様々な問題が生じます。特に相互扶助型会員制団体（会員の相互扶助を主たる目的とする団体のことで、現実には福祉系団体の多くが、相互扶助型会員制団体の形式で活動しています）は、一般社団法人を選択することになると思いますが、その際の社員、つまり議決権を誰に与えるかという問題があります。

　たとえば、介護団体の場合、介護者と被介護者が等しく会員になっており、建前としては「明日は我が身」の精神で他の会員に対する介護活動が行われることになっています。

　しかしながら、実際は介護を受けたい人とサービスを提供する有償ボランティアとは明確に区分されているのが通常で、体が不自由なため介護を受けている人が、社員総会に出席して、議決に参加するというようなことはかなり難しいでしょう。

　また、出席しない多数の会員に出欠確認の通知を出し、委任状を取り付けるという作業は、大変な手間と費用がかかり、効率的な団体運営に支障を生ずるおそれもあります。

　このような団体では、サービスの提供を受ける人を団体の運営から切り離し、株式会社のスポーツクラブ会員と同じような組織づくりを考えることができます。

　しかしながら、これまで相互扶助型会員制団体として何事も会員の合議を重視してきた団体の中には、このように割り切ると、これまで築いてきた組織の維持が困難になるので、何とかして既存の会員制を維持しながら法人化したいと希望

するところも少なくありません。

　既存の相互扶助型会員制団体を、法人化する場合の会員の取扱いについては、次の3通りが考えられます。

■① 全員参加型

　既存のすべての会員を、一般社団法人の社員総会に参加できる社員として取り込む方式。

　サービスを提供する者と受ける者とが社員となることから、人数が多くなり、会の運営に関心のない人も増え、社員総会の運営が、費用と手続の両面で大変になるおそれが生ずるので、その対策を検討する必要があります。

■② 運営委員会型

　従来の会員の中から、希望者のみを一般社団法人の社員総会に参加できる社員とする方式。

　会の運営はしやすくなりますが、これまで全員参加で運営されてきた伝統ある団体の場合、法人化後の組織の維持に注意する必要があります。

■③ 別組織型

　従来のボランティア組織の会員をそのままとし、運営団体として管理機関のみを別途法人化することとし、新しく社員を募る方式。

　管理機関としての法人に、どのような機能を持たせるか、慎重に検討する必要があります。

11 法人の名称は
どうするのか

　いずれの法人も、その種類に従って、それぞれの名称中に**一般社団法人**又は**一般財団法人**という文字を用いなければなりません。法人名の前後は問わないので、たとえば「あさがお一般社団法人」でも「一般社団法人あさがお」でもよいことになります。ただし、「一般社団法人あさがお財団」などと、その名称中に他の形態の法人であると誤認されるおそれのある文字を使用することはできません（一般法人法5条）。

　また、公益認定を受けた公益社団・財団法人以外の団体が名称に「公益」という言葉を使うことはできません。

　また、**一般社団法人**や**一般財団法人**でない者が、その名称等に、**一般社団法人**又は**一般財団法人**であると誤認されるおそれのある文字を用いることはできません。ですから、任意団体やNPO法人等が「○○○財団」などと名称や商号にこれらの法人格名を使用することはできません（一般法人法6条）。

　しかし、登記のみで設立ができるため、公益活動をしていないにもかかわらず社会的な信用をなんとか得ようとする団体が、目的を隠して、**一般社団法人**や**一般財団法人**を設立してしまう可能性も否定できません。政府の考える「人々の自由な活動を促進する」ためというこの制度が、悪用されないことを願うばかりです。

12 法人の事務所はどうするのか

　法人の住所というのは、その「主たる事務所」の所在地にあるとされます（一般法人法4条）。

　では、「主たる事務所」というところの「事務所」とは、いったいどういうものなのでしょうか。

　「事務所」とは、一般に、法律用語上、「法人の事業活動の中心である一定の場所をいい、一般的に法人の代表権、少なくともある範囲内の独立の決定権を有する責任者の所在する場所であり、かつ、その場所で継続的に業務が行われることを必要とする」ものとされています。

　一般社団・財団法人の「事務所」については、これが定款の記載事項として定められていますし（一般法人法153条）、登記事項として第三者に公示されることにもなります。ですから、「主たる事務所」又は「その他の事務所」のいずれであるかを問わず、上記と同様に「法人の事業活動の中心である一定の場所」と解するのが妥当でしょう。

　したがって、土地・建物がその法人の所有物であることを前提とするものではありませんので、これらの要件を満たせば、個人の自宅や他の会社の住所等を「事務所」とすることも可能です。

　しかし、事務所ごとに「法人住民税」も発生するわけですから、「事務所」において「法人の事業活動の中心である一定の場所」という実体がなくなった場合は、実情に応じて、事務所の変更に関する登記が必要になります（一般法人法303条）。

13 ここが聞きたいＱ＆Ａ （税金・お金編）

　ではここで、法人化すべきかしないほうがよいか、特に税金やお金のことで悩んでいる人からよく寄せられる質問の例を挙げてみましょう。

> **Q**　個人事業を法人にすると、節税になるのですか？　スポーツ選手やタレントが、個人事務所を会社組織にして、節税をはかっているという話をよく耳にしますが、法人にするといったい何がどうトクなのでしょうか。

A

　まず、税率の違いがあります。

　個人の場合、累進課税といって所得（＝売上から原価や経費を引いた額）の額が高くなればなるほど税率もアップするしくみになっています。これに住民税と事業税を合わせると、最高で所得の６割程度を税金でもっていかれます。

　一方、法人の場合、法人税は年間800万円以下の部分について15％、それ以上の金額の部分について23.2％と簡略化されています（38ページ参照）。また、これに法人住民税と法人事業税を合わせても税金は最高で所得の約４割程度（例外を除き）で済みます。さらに、非営利型一般社団法人の中で収益事業をしない法人にいたっては、法人住民税の均等割（約７万円）しか税金がかからないので、比較にならないほどの節税になります。

Q 具体的にいくら以上の所得があれば、法人にしたほうが有利なのでしょうか。

A

これは一概にはいえません。というのも、法人にすることは社会的信用など、税金以外のメリットもあるからです。たとえば、年間の所得が500万円しかなくても、法人にすることによって仕事が増え、金融機関からもお金を借りやすくなった結果、収入が何倍にも増えるケースもあります。そうしたケースでは、たとえ現在の事業所得が低くても、法人にしたほうが絶対トクなのです。

Q よく「法人をつくって、給与をもらう形にすると節税になる」という話を聞きますが、どういうことなのでしょうか。

A

個人事業では、自分に給与を支払うことはできませんが、法人にすれば、自分たちで運営する法人からあらかじめ決めた報酬額を毎月給与として受け取ることができます。

そうすると、理事長といえども団体から給与（報酬）をもらうことになります。個人事業主の場合は、事業所得に対してそのまま課税されますが、勤労者は給与所得控除が受けられるのが大きな違いです。

Q 給与所得控除とは、いったい何なのでしょうか。

A

給与所得者にも経費を認めようという控除で、収入に対して全額課税するのではなく、収入からその控除分を差し引いた額に対して課税されます。個人事業で年間1000万円の所得があれば、1000万円に対して課税されますが、給与で1000万円受け取れば、そこから給与所得控除がされて課税対象額は8割程度になります。

Q 経費の面では、個人事業と法人の差はありますか。

A

　もちろんあります。個人として申告した場合、会社の業務とプライベートの部分が混同されやすいことから、しばしばそれらの経費計上について税務署から否認されるケースがあります。

　ところが、同じ状況でも法人になれば、そうした心配がかなり解消されるのです。専従者給与の支払いがその典型です。個人事業だと、専従者、つまり仕事を手伝ってくれている奥さんなど家族に給与を支払うと、税務署から所得の分散とみなされ、それが認められないことがあります。

　専従者給与の支払いは、税務署にその許可を得なければなりませんし、額にも制限が設けられていて、奥さんだったら配偶者控除と配偶者特別控除を合わせたのと大して変わりません。その点、法人にすれば、労働などに応じて妥当な額であれば、税務署の許可がなくても堂々と専従者に給与を支払うことができます。また交際費等も、たとえ一般社団・財団法人であっても、法人の事業にかかわるものならば、問題なく認められるでしょう。

Q もし利益がゼロだった場合はどうなりますか。

A

　所得ゼロの場合、法人税と法人事業税はゼロになりますが、住民税の均等割はかかります。これは事務所の所在地の自治体によりますが、年間7万円程度です。

Q 一般社団・財団法人にすると、銀行からお金を借りやすくなりますか。

A

　結論からいえば、実績次第です。金融機関は常に過去の実績を判断

基準にしてお金を貸しますから、何の実績もなくこれから事業を始めようとする団体が、いきなりお金を借りることは難しいでしょう。

　ただし、実績さえつくってしまえば、個人よりも法人のほうが信用を得られやすい面はおおいにあります。

　法人というのは、常に個人とは明確に分かれていることが前提になっています。経営者といえども、法人の資産を勝手に流用することができません。その点で、法人のほうが、決算書など、見ている範囲内で財政状態がつかめますから、お金を貸す銀行も安全と考えます。ところが、個人の場合は、貸借対照表を作成しないなど、いい加減な経理が多く、事業のお金を勝手に流用しても、外からはなかなかわからないのです。だから、個人よりも法人のほうに、銀行はお金を貸しやすいのは確かです。もし法人にしておいて、理事が個人的にお金を流用していたら、後で法的責任を追及されることになりますから。

14 ここが聞きたいQ&A（会員・組織編）

Q 社員（会員）として一般社団法人に参加する側は特別なリスクを負いますか。

A

　入会金を払って社員（会員）になるだけでは、リスクを負うことはありません。たとえ法人が解散しても会費が返ってこないだけです。基本的に会費を提供するだけで、法人を代表したり業務を執行したりということはできませんが、その代わりに社員（会員）には強力な監督権が与えられているのも大きな特徴です。たとえば営業年度の終わりに法人の決算の承認をしたり、会社の財産の状況をチェックしたりすることができるのです。

　しかし、社員（会員）にはリスクがまったくないのと対照的に、理事にはリスクが伴います。善良なる管理者としての注意義務を払って健全に経営に参加していても、一定の賠償責任を問われることがあります。もちろん、過失や故意でなければ、法人が借金をして倒産したとしても、借金を背負わされるということはありませんが。

Q 友人と共同で、一般社団・財団法人をつくって運営していくことはできますか。

A

　できます。共同で代表者となることもできます。代表理事が2人いても特に問題ありません。

Q 重要な事項を決定する議決機関はありますか。

A

　株式会社の株主総会やNPO法人の社員総会にあたる議決機関は、一般社団法人の場合は「社員総会」で、一般財団法人の場合は「評議員会」です。

　また、会社の代表機関である取締役会にあたるのは、一般社団法人も一般財団法人も「理事会」です。しかし、基本的には会社と違い、一般社団法人は理事会よりも社員総会のほうに、一般財団法人は評議員会のほうに重きを置いているのが特徴です。

Q 一般社団・財団法人は将来、株式会社やNPO法人などに組織変更できるのでしょうか。

A

　結論からいうと、できません。もちろん、社会福祉法人や株式会社などの他の法人組織との合併も認められていません。合併ができるのは、同じ一般社団・財団法人同士に限られます。

Q 一般社団・財団法人をつくってみたものの、やはり個人のほうがトクだと判断した場合、一度つくった法人を解散することはできますか。

A

　できます。具体的には解散登記をして、法人財産の清算の手続を行い、それをすべて終えてから清算結了の登記を行うことが必要です。そして、残余財産の処分を行います。定款に帰属先に関する規定がない場合は、その財産は社員総会又は評議員会の決議で譲渡先を決めることになります。

Q 一般社団法人又は一般財団法人の名称を決めるにあたり、守らなければならないことがありますか。一般社団法人又は一般財団法人でない者が一般社団法人又は一般財団法人という名称を使ってはいけないのですか。[1]

A

　一般社団法人又は一般財団法人は、その種類に従い、その名称中に「一般社団法人」又は「一般財団法人」という文字を用いなければならないものとされています。

　また、一般社団法人は、その名称中に、一般財団法人であると誤認されるおそれのある文字を用いてはならず、一般財団法人は、その名称中に、一般社団法人であると誤認されるおそれのある文字を用いてはならないものとされています。したがって、たとえば、一般社団法人がその名称中に「財団」という文字を用いることはできません。

　さらに、一般社団法人又は一般財団法人でない者は、その名称又は商号中に、一般社団法人又は一般財団法人であると誤認されるおそれのある文字を用いてはならないものとされています。

　また、何人も、不正の目的をもって、他の一般社団法人又は一般財団法人であると誤認されるおそれのある名称又は商号を使用してはならないものとされています。

Q 一般社団法人又は一般財団法人が行うことのできる事業について、何らかの制限はありますか。[1]

A

　一般社団法人及び一般財団法人が行うことができる事業に制限はありません。

　そのため、一般社団法人や一般財団法人が行うことができる事業については、公益的な事業はもちろん、町内会・同窓会・サークルなどのように、構成員に共通する利益を図ることを目的とする事業（共益的な事業）を行うこともできますし、あるいは、収益事業を行うことも何ら妨げられません。

一般社団法人と一般財団法人が収益事業を行い、その利益を法人の活動経費等に充てることは何ら差し支えありません。

　ただし、株式会社のように、営利（剰余金の分配）を目的とした法人ではないため、定款の定めをもってしても、社員や設立者に剰余金や残余財産の分配を受ける権利を付与することはできません。

※1は、Q．A．ともに法務省ホームページ「一般社団法人及び一般財団法人制度Q＆A」（http://www.moj.go.jp/MINJI/minji153.html）より抜粋

第2章

一般社団法人を
もっと知ろう

1 一般社団法人とは どういうものか

　一般社団法人は、誰でも簡単に設立できるということは先述したとおりですが、法人制度のことはあまり知られていません。

　まず、財団法人との違いですが、人の集まりが「**一般社団法人**」であり、財産の集まりが「**一般財団法人**」ということになります。

　法人とは、法律により権利能力を与えられ、社会活動の主体となることが承認されるもので、その活動は法人に帰属する様々な機関（総会・代議員会・理事会・委員会等）によって運営されますが、大きく分けて、特定の者の利益を追求する「営利法人」と、利益を追求しない「非営利法人」に分類されます。非営利法人は、さらに不特定多数の者の利益を追求する「公益」かそうではない「非公益」かに分類されます。

　そもそも従来の社団法人とは、「非営利法人」の中の「公益」を追求する組織であり、「定款」に基づき運営され、会員を社員と規定し、不特定多数の公益を目的とし、組織、行為能力をもち、社会における一個の構成分子として認識され得る人の集合体（団体）でした。

　しかし、「**一般社団法人**」は、必ずしも「公益」を目的とする必要はありません。活動の目的が自分たちの利益を追求する「私益」であっても、会員の利益を追求する「共益」であってもよいのです。ですから、公益法人という表現からは遠く離れてしまいました。

2 一般社団法人の組織とは

　一般社団法人の組織は、すべて同じとは限りませんが、主に「社員」で構成する「社員総会」が最高意思決定機関となり、「理事」で構成される「理事会」が業務執行機関となります。なお、社団法人には通常「評議員」を置きませんので、「評議員会」もありません（一般法人法35・90条）。

　社員は、総会に出席して平等に議決権を行使し、団体の重要事項を決定し、理事は、法人の代表機関であって、対内的には法人の事務を執行し、対外的には法人を代表します。そして、理事会では、その業務執行や総会に付議すべき事項について議決することになります（一般法人法35条）。

　また、理事は必ず置かなければならない機関ですが、監事は任意機関です。監事の仕事は、業務監査と会計監査ですので、理事会を監視する立場となります。つまり、評議員会を置かない**一般社団法人**にとっては、監事がいわば理事会のお目付け役ということになります（一般法人法99条）。

一般社団法人の社員と理事の関係

社員（会員）＝株主（会費という出資）	経営を委任 → ← 報告の義務	理事＝取締役（運営を委任）

●**一般的な一般社団法人の組織形態**

社員総会	—	社　員
理事会	— 理事長 — 事務局長 — 事務局員
監　事

3 一般社団法人の つくり方

■設立の順序

　一般社団法人を設立する場合には、まず設立当初の設立者として2人以上の人が集まり、法人化を決断します。次に、その人たちで定款や組織づくりを行います。定款ができたら公証役場に行って、定款の認証を受けます。定款の認証が終わったら、主たる事務所の所在地の法務局の出張所で登記申請を行います。これで設立は完了します。（一般法人法10・13条）。

　定款には、目的、名称、主たる事務所の所在地、設立時社員の氏名・名称・住所、社員の資格の制限、公告の方法、事業年度等を必ず記載又は記録することになります。定款には、一般法人法の規定により定款に定めがなければその効力を生じない事項や、その他の事項で一般法人法の規定に違反しないものを記載又は記録することができます（一般法人法10〜12条）。

　しかし、社員など構成員に剰余金や残余財産の分配を受ける権利を与えるような記述があった場合は、効力がないことになっています（一般法人法11条2項）。これは、公益法人制度改革の議論を開始した当初から心配されていたもので、剰余金や残余財産を構成員に分配しないようにすべきという専門家などからの指摘に従った形となりました。

　なお、主務官庁制ではないので、定款の認証は、普通の会社と同じく、公証役場で行うことになります（一般法人法13条）。

　また、定款は常に事務所に備え置き、社員や債権者から請

求があればいつでも閲覧できるようにしなければなりません（一般法人法14条）。

■登記の日が創立記念日

　一般社団法人は、その主たる事務所の所在地において設立の登記をすることをもって成立となります。すなわち設立登記申請を行う日が法人の成立日（創立記念日）ということになります。定款を承認した設立総会開催日でも、公証役場での定款認証日でも、登記事項証明書（登記簿謄本）が取得できた日でもありません。

　実際は、登記事項証明書（登記簿謄本）がないと設立の実感がわかないと思いますが、それらの証明書を取得できるまでには、登記申請をしてから1〜2週間程度かかります。

一般社団法人の主な特色

○団体の公益性や目的は問わず、登記だけで設立可能。

○社員2人以上で設立可能。

○設立時の財産保有規制は設けない。

○社員、社員総会及び理事は必ず置くこと。評議員は通常置かない。

○理事会、監事又は会計監査人の設置が可能。

○設立時財産は必要ないが、基金制度の採用が可能。

○社員による代表訴訟制度がある。

○原則課税のグループと原則非課税のグループに区分。

---

4 一般社団法人の 社員・会員

■社員の権限

　一般社団法人の社員とは、社員総会において、議案を提出したり、議決に参加したりすることができる者のことです（一般法人法35・49条）が、法人でも、団体でも社員になることは可能です。ただし、法人の従たる事務所の性質を有する支店、支部、営業所などは、社員となることができません。

　通常は、「正会員」等と呼び、賛助することを目的として入会している「賛助会員」等と区別することになります。

　なお、賛助することを目的としている賛助会員や過去の活動の功労者である「名誉会員」「特別会員」等は、社員にせず、議決権のない会員という位置づけにすることが多いようです。どの会員種別を社員にするかは、法人の自由ですが、必ず定款に記載してください。

　なお、設立時に必要な社員数は、共同して定款を作成する観点から、最低2人必要です。ただ、2人であっても社団性（一定の目的のために結合した人の集合）があると考える一方で、2人で社団法人というのはあまりにも少なすぎるのではないかという声があるのも事実です。実際、夫婦2人でも一般社団法人はつくれてしまうのです。

　一般社団法人の社員は、定款でどんな制限があろうとも、やむを得ない事由がある場合は、いつでも退社（退会）することができます。その他にも、次の場合に退会となります（一般法人法28・29条）。

```
┌─────────────────────────────────────────────┐
│          本人の申出以外の退会理由              │
│  ①  定款で定めた事由の発生                    │
│  ②  総社員の同意                              │
│  ③  個人会員の場合の死亡又は団体会員等の場合の解散 │
│  ④  除名                                      │
└─────────────────────────────────────────────┘
```

■社員の除名

　社員の除名は、正当な事由があるときに限り、社員総会の決議によって行うことができます。その場合でも、法人は、その社員に対し、社員総会の日から1週間前までにその旨を通知し、さらに社員総会において弁明する機会を与えなければなりません。つまり、通知も弁明の機会もない場合は、除名させることはできないので、注意が必要です（一般法人法30条）。

　よく、総会の案内や会報を送っても戻ってきてしまうときがありますが、この場合すぐに退会させることはできません。会費制の団体ならば、定款で定めた会費滞納制限期間を経てから退会となります。会費が0円の場合は、法人からの通知や催告が5年以上継続して到達しない場合に限り、その社員に対して通知や催告をしないで、退会の手続をすることができます。音信不通でも5年待つ必要があります（一般法人法33・34条）。

■社員名簿

　一般社団法人は、社員名簿を作成し、その主たる事務所に備え置かなければなりません。そして、社員は、例外を除き、一般社団法人の業務時間内は、いつでも理由を告げて、社員名簿の閲覧や謄写の請求をすることができることになっています。ただし、個人情報保護の観点から、社員の個人情報を

すべて明らかにする必要はありません。プライバシーに関する事項は、閲覧対象外です（一般法人法32条）。

```
      社員名簿の常備と閲覧
  主たる事務所……常備
  従たる事務所……常備の必要なし
  社　員…………例外を除き、いつでも閲覧と謄写の請
　　　　　　　　　求可能
  一般人…………閲覧も謄写も拒否可能
```

■社員総会

　社員総会は、**一般社団法人**の組織、運営、管理、その他**一般社団法人**に関する一切の事項について決議をすることができます。つまり、この法人格は、総会主導型運営ということになります（一般法人法35条）。

　理事会を設置している**一般社団法人**の場合、社員総会は法律や定款で定めた事項に限り決議を許されますが、あくまでも理事会は、総会に提出する議題の付議機関であり、業務の執行機関という位置づけなのです（一般法人法35条2項・90条）。

　ですから、理事や理事会等の社員総会以外の機関が意思決定をすることができる、というような内容の定款は、効力をもちません。社員総会において決議をする事項の全部につき社員が議決権を行使することができない旨の定款も同様です。

　また、社員総会で社員に剰余金を分配するような決議も無効となります（一般法人法35条）。

■社員総会の招集

　社員総会は、毎事業年度の終了後必ず行わなければなりま

せん（一般法人法36条）。**一般社団法人・一般財団法人**は、全所得課税グループでも収益事業をしている収益事業課税グループでも、税務申告をしなければならないので、税務申告の期限である事業年度終了後2ヵ月以内の間に、決算総会を招集することになります。

　それが定時社員総会となり、決算報告のほか事業報告を行い、予算案、事業計画案等を決議するのです。ただし社員総会が年に1回の場合、事業年度がスタートしてから事業計画や予算を承認するということになるか、理事会で承認をして、次の社員総会には報告だけをすることになります。年2回開催する場合は、決算前の総会が予算総会（事業計画も承認）となり、決算後の社員総会が決算総会（事業報告も承認）となります。

　社員総会は通常、理事が招集する（一般法人法36条3項）ことになり（通常は代表理事）、社員総会の議事については、必ず議事録を作成し、社員総会終了後10年間、主たる事務所に保管しなければなりません（一般法人法57条）。

5 一般社団法人の社員の議決権

　社員は、定款に別段の定めがない限り、各1個の議決権を有することになり、社員総会において決議をするすべての事項に対して議決権を行使することができます（一般法人法48条）。

　なお、議決は書面ですることができますし、電子メール等の電子投票やFAXも認められていますので、事務局が委任状を集める労力が少々軽減されるでしょう（一般法人法51・52条）。

通常の出席以外の議決権行使
委任状で誰かに委任 ……………………………………… OK
郵送書面で決議参加 ……………………………………… OK
Web や電子メールで決議参加 ………………………… OK
FAX で決議参加…………………………………………… OK

■社員総会の決議

　社員総会の決議には、例外を除いて、総社員の議決権の過半数を有する社員が出席することが必要です。そして、出席した社員の議決権の過半数をもって決議を行うことになります（一般法人法49条1項）。ただし、次ページに挙げる決議は、最も重要な事項であると考えられていますので、過半数の出席はもちろんのこと、総社員の議決権の3分の2（定款でそれ以上にした場合はその割合）以上の賛成が必要になります（一般法人法49条2項）。

議決権が過半数では成立しない重要な決議

①社員の除名　②監事の解任　③役員等の責任の一部免除

④定款の変更　⑤事業の全部の譲渡　⑥法人の解散

⑦法人の継続　⑧吸収合併契約又は新設合併契約の承認

　もちろん、委任状による代理人の出席や書面による表決者、電子投票の参加者も通常の出席者と同じ扱いになります。ですから、事務局は、何らかの方法で定足数を満たすよう努力してください（一般法人法50〜52条）。

6 一般社団法人の 役員の選任

■役員の人数

　一般社団法人には、１人又は２人以上の理事を置かなければなりません。なお、理事会を設置する場合は、必ず理事は３人以上置かなければなりません。３人というのは、１人の意見で物事を決めさせないという民主主義に則った会議のルールによるものです（一般法人法60・65条３項）。

　よっぽど少ない人数で運営する団体を除いて、通常は理事会を設置することになりますが、社員数の多少等、法人ごとの事情があることや、あくまでも社員総会が意思決定機関であることから、理事会を必ず置かなければならないというわけではありません（一般法人法60条）。

　ただし、理事会を設置する場合は、それを監視するために、監事を必ず置かなければなりません。さらに、**大規模一般社団法人**（貸借対照表の負債の部の合計額が200億円以上）であれば、会計監査人（公認会計士又は監査法人）も設置しなければならないのです（一般法人法61・62・68条）。

一般社団法人の役員等の人数

理事……………１人以上必置
　　　　　　　　（理事会設置の場合は３人以上必置）
監事……………置かなくて可
　　　　　　　　（理事会設置の場合は１人以上必置）
会計監査人……置かなくて可
　　　　　　　　（大規模一般社団法人は１人以上必置）

7　一般社団法人の役員の任期

　役員（理事及び監事）は、社員総会の決議によって選任や解任をすることになります。その選任の決議をする場合には、一般法人法や定款で定めた役員の員数を欠くことに備えて、補欠の役員を選任することもできます（一般法人法63条）。

　理事の任期は、通常2年（選任後2年以内に終了する事業年度のうち最終のものに関する定時社員総会の終結の時まで）ですが、定款や社員総会の決議によって、その任期を短縮することは可能です（一般法人法66条）。任期を1年とする法人もごく少数ですが存在します。なお、役員の再任は可能ですが、定款による任期の伸長は認められていません。変更がないのに2年に1回の再任の登記をするのが面倒だからと、任期を監事と同じく4年にするなどということはできませんのでご注意ください。

　また、監事の任期は、通常4年（選任後4年以内に終了する事業年度のうち最終のものに関する定時社員総会の終結の時まで）ですが、理事と任期が異なると、運営しにくいという声に応え、理事と同じく2年に短縮することもできます（一般法人法67条）。

　さらに、役員以外にも、会計監査人に任期があり、任期は1年（選任後1年以内に終了する事業年度のうち最終のものに関する定時社員総会の終結の時まで）です。こちらは、役員と異なり、任期満了時の定時社員総会で別段の決議がなければ、再任され、任期が自動的に更新されます（一般法人法69条）。

　なお、役員は、いつでも、社員総会の決議によって解任す

ることができますが、会計監査人に関しては、総会ではなく監事が選任や解任に関する議案の内容を決めます（一般法人法73条）。

一般社団法人の役員等の任期

理事 …………………… ２年（短縮可能）
（社員総会で選任）　　 再任は可　伸長規定は無効
監事 …………………… ４年（２年まで短縮可能）
（社員総会で選任）　　 再任は可　伸長規定は無効
会計監査人 …………… １年以内
（社員総会で選任するが、議案の内容は監事が決める）

---

8 一般社団法人の役員を選ぶ前に

　理事や監事は、通常、管理者としてふさわしい人を選ぶわけですが、誰でもなれるわけではありません。通常は、社員総会の前に理事会を開き、そこで選出して、社員総会に付議し、社員総会の決議で選任されます。付議する前に、次に該当する人ではないことを確認してください（一般法人法65条1項）。

役員になれない者

1. 法人（会社や団体など、自然人以外のもの）
2. 一般法人法や会社法などに違反し、刑に処せられ、その執行を終わり、又は執行後2年を経過しない者
3. 上記の法律以外の法令に違反し、禁錮以上の刑に処せられ、その執行を終わるまで又はその執行を受けることがなくなるまでの者

　以前は、役員の欠格事由に「成年被後見人若しくは被保佐人又は外国の法令上これらと同様に取り扱われる者」がありました。しかし、令和3年3月1日から撤廃され、成年被後見人等が役員に就任することも可能になりました。ただし、その成年後見人が本人の同意を得た上で就任承諾しなければならないこととするなど、成年被後見人等が役員に就任する場合の要件が定められました。被保佐人が役員に就任する場合も同様に、その保佐人の同意を得なければなりません（一般法人法65条の2）。

設立時の役員は、通常は定款作成時にあらかじめ決めておいて、定款に記述し、設立総会で承認を受けることになります。しかし、定款で設立時役員を定めなかったときは、設立時社員は、公証人による定款の認証の後、すぐに選任しなければなりません（一般法人法15条）。

　なお、設立時の役員の選任は、設立時の社員の過半数で決めることになりますが、解任の場合、理事は過半数ですが、監事は3分の2以上の賛成が必要ですので注意してください（一般法人法17～19条）。

役員の選定

○設立社員が最初の定款作成前に決定し、定款に記載

○定款に記載していない場合は、公証人の認証後すぐに臨時総会で選任

○その後の役員は、社員総会で選任

9　一般社団法人の役員の職務

　理事は、社員総会での決議に基づき、法人の業務を執行することになります。また、社員総会に付議する議案を審議しますが、理事が2人以上いる場合には、理事の過半数をもってその決定を行うことになります（一般法人法76条）。

　代表理事等を定めないときは、理事が**一般社団法人**を代表することになり、理事が複数いる場合は、全員が**一般社団法人**を代表します。代表を定めるときは、互選又は社員総会の決議によって、理事の中から代表者を選びます。代表者は、理事長、代表理事、会長などと呼びますが、呼称については定款で定めてください（一般法人法77条）。

　なお、重要な職員の人選等は、理事長や理事会の権限に従う団体が多いのですが、これらの事項は業務執行を行う上で重要な事項であるといえます。法人運営の適正確保のため、これらの事項は、理事長単独で決定するのではなく、理事全員で構成する理事会で慎重に決定すべきこととされています（一般法人法90条）。

　一般法人法では、理事の中でも、代表者を補佐し、業務執行にあたる者を特に「業務執行理事」と定めることができますので、常任理事会などとして理事会の中にさらに特別な人を集めることがあるような団体は、一般理事と業務執行理事をきちんと区別することをお勧めします（一般法人法91条）。

10 一般社団法人の役員と法人との関係

　理事は、通常、法人にかなりの影響力をもつことが多く、一歩間違えると、法人との癒着を指摘されるような取引をしたり、我田引水に走ったりすることがあります。公益法人改革の原因をつくった「KSD事件」は、その典型的な例です。そこで、以下のような場合は、社員総会において、その取引の重要な事実を開示し、その承認を受けなければならないとしています（一般法人法84条）。

理事と法人との注意すべき関係

① 理事が自己又は第三者のために一般社団法人の事業の部類に属する取引をしようとするとき

② 理事が自己又は第三者のために一般社団法人と取引をしようとするとき

③ 一般社団法人が理事の債務を保証することその他理事以外の者との間において一般社団法人と当該理事との利益が相反する取引をしようとするとき

　また、**一般社団法人**の業務の執行に不正な行為や定款違反などの重大な事実を発見したときは、社員（総社員の議決権の10分の1以上の議決権を有する者）は、法人の業務や財産の状況を調査させるために、裁判所に対して、検査役の選任を申し立てることができます（一般法人法86条）。

　そして、裁判所は、必要な場合、理事に対して社員総会を招集することや、検査役の調査の結果を社員に通知することを命じなければなりません（一般法人法87条）。

　もしも、理事が法人の目的の範囲外の行為や法令又は定款

違反をし、その行為によって法人に回復できない損害又は著しい損害が生ずるおそれがあるときは、社員がその理事に対して、その行為をやめることを請求できます。そのためには、社員も日頃から、理事の行為に注目しておく必要があります（一般法人法88条）。

一般社団法人の役員報酬

　よく、一般の方からの相談で、非営利団体が役員報酬をもらってもよいのか、もらえるとしたら役員報酬はいくらまでならよいのか、という質問が寄せられます。まったくもらえないと誤解している人もいるようです。しかし、法的には、何の制限もありませんので、1億円の収入がある法人が、1人の役員に年間5,000万円の報酬を払っていたとしても、それをもって、違反であるということにはなりません。特に、従来の公益法人から移行してきて、公益目的支出を完了させた**一般社団法人・一般財団法人**にも、監督する官庁すらないわけですから、そのあたりはかなり緩やかということになります（一般法人法89・105条）。

　ただし、役員報酬や退職金については、公務員の水準が上限であると考えたほうがよいでしょう。ましてや、公益認定申請を行う法人は、公益認定の基準の中に「役員・評議員に対する報酬等が民間に比べて不当に高くない」ことが挙げられていますので、金額は示されていないもののあまり高額な報酬を支払っていると、たとえそれが数人であっても、公益認定等委員会（又は合議制の機関）の印象を極端に悪くすることになるでしょう（認定法5条）。

　「公務員」や「民間」の報酬の額については、各種統計などを参考に検討してみてください。サラリーマンや公務員が役員などになった場合は、前職の報酬よりも低くすることが肝心です。

　なお、役員である理事や監事の報酬の額は、社員総会や評議員会の決議で定めれば、定款に金額を定めなくてもよいの

ですが、評議員の報酬については、報酬等を支払う場合は、必ずその金額（総額でも可）を定款に定める必要があります（一般法人法196条）。

12 一般社団法人の理事会

■理事会の決議方法

　理事会は、すべての理事で組織し、**理事会設置一般社団法人**の業務執行の決定、理事の職務の執行の監督、代表理事の選定や解職等の職務を行います。なお、重要な財産の処分や、多額の借り入れ、重要な使用人の選任・解任等は、代表理事等に委任することはできません（一般法人法90条）。

　理事会の決議は、原則として議決に加わることができる理事の過半数が出席し、その過半数の賛成でもって行うことになります。その際、その決議について特別の利害関係を有する理事がいる場合は、その理事は、議決に参加できません（一般法人法95条）。

　一般法人法では、理事会や評議員会についての規定が厳しく、委任出席、代理出席、書面表決が一切できません。必ず会議に出席できるかどうか、十分注意して人選しましょう（一般法人法95条3項）。

　ただし、**理事会設置一般社団法人**は、決議の省略ができます。これは、理事の全員が書面やインターネット上などで同意の意思表示をすることで、その議案を可決する方法です。今後IT社会の進展とともに必ず増えると予想されるWeb会議や電話会議を想定したもので、皆が一堂に参加できなくても、すべての人が「YES」と認めた議案は可決となります。ただし、1人でも「NO」とした場合は、議案は可決できないことになります。さらに、すべての理事が「YES」であっても、監事がそれを認めないときは、やはりその議案は可決することができません。なお、このように理事会の省略を行

う場合は、定款にその旨を定めなければなりません。定款に定めないで、メールや郵送などで議案を回しながら賛否の確認を済ませてしまった場合は、一切審議が無効となりますので注意しましょう（一般法人法96条）。

　また、こうして開催した理事会の議事録は、理事会の日から10年間その主たる事務所に備え置かなければなりません（一般法人法97条）。

■理事会の開催義務

　理事は、**一般社団法人**に著しい損害を及ぼすおそれのある事実があることを発見したときは、直ちに、その事実を社員（**監事設置一般社団法人**にあっては、監事）に報告しなければなりません（一般法人法85条）。

　そのため通常は、業務の内容を熟知する必要があり、3ヵ月に1回以上、理事会を開催することが原則となっています。しかし、実際はそんなに開催できないという場合は、毎事業年度最低2回に減らすこともできます。ただし、その場合はきちんと定款で定めておかなくてはなりません（一般法人法91条）。

　よくある例として、予算案と決算案を承認して総会に付議するために、3月と6月に理事会を開催する法人もありますが、このように、毎事業年度に4ヵ月を超える間隔で2回以上行うとすることも定款に記載すれば可能なのです。3月と6月だから3ヵ月しか離れていないと心配する人もいますが、その年度では6月が最初の理事会となりますから、それから3月までは9ヵ月も離れているので安心してください。

　なかには、総会を6月に開催するので、その時に同時に年1回だけ理事会を開催するという法人もあるようですが、それは法律違反となりますので改めましょう。

■監事の職務

　監事は、主に業務監査と会計監査が仕事です。理事等の職務執行を監査し、監査報告を作成しなければなりません。そのために、監事は、理事や職員に事業の報告を求めたり、業務や財産の状況を調査したりすることができます（一般法人法99条）。

　また、理事の不正を発見したときは、直ちにそのことを理事会や社員総会に報告しなければなりません。さらに、必要なときは、理事会に出席して、意見を述べたり、理事会を招集したりすることができます（一般法人法100～103条）。

　こうした観点から、監事というのは会計知識があるだけでなく、理事会に対してきちんとした意見を述べることができる人でなければならず、理事や職員との兼職が認められていないばかりか、その関連する法人の理事や職員にもなれないのです（一般法人法65条2項）。

　つまり、監事は、法人のご意見番プラス査察官といった要素をもつ人ですから、ある意味、理事よりも人選に苦労するかもしれません。

　なかには、監事が決算書類を一切読めなかったり、理事よりも地位が低くみられたりという法人もあるようですが、それでは役目を果たすことができませんので注意しましょう。

　さらに、法人法の改正により、令和3年3月1日から、監事設置一般社団法人では、社員が理事・清算人に対して責任追及の訴訟を提起し、当該訴訟において法人が和解するには、

監事（監事が2人以上の場合は各監事）の同意を得なければならないことになりました。理事・清算人の責任の一部免除の議案を理事会に諮るためには監事の同意を得なければならないことはそれまでの法律でも定めがありましたが、和解する場合についても監事の承認が必要になりました（一般法人法280条の2）。

■会計監査人の権限は？

　一般社団法人であっても、貸借対照表の負債の部の合計額が200億円以上の**大規模一般社団法人**であれば、監事以外に、会計監査人を社員総会の決議によって選任しなければなりません（一般法人法62条）。

　会計監査人は、**一般社団法人**の計算書類等を監査することが仕事で、会計監査報告を作成します。ですから、公認会計士又は監査法人でなければならないことになっています。そして、会計監査人は、理事や職員に会計に関する報告を求めたり、業務や財産の状況を調査したりすることができます（一般法人法68・107条）。

　また、理事の不正を発見したときは、直ちにそのことを監事に報告しなければなりません（一般法人法108条）。

　さらに、監事と意見が異なるときは、社員総会に出席して、意見を述べることができます（一般法人法109条）。

　ただし、大規模一般社団法人とされる、貸借対照表の負債の部の合計額が200億円以上の**一般社団法人**などは通常あり得ないので、これらの規定は何のためにあるのか甚だ疑問です。ただ、公益社団法人の場合は、公益認定の条件として会計監査人の設置を求めており、選任が必要になる条件である負債の部の額も50億円以上となり、多少規定に現実味が出てきます（認定法5条12号、認定法施行令6条）。

一般社団法人の役員の責任

■設立時の社員、理事、監事の責任

設立時の社員は、法人の設立行為を担う者として、また、設立時の理事や監事は設立後の機関となる者として、設立についてその任務を怠った場合は、この法人に対して賠償責任を負うことになります（一般法人法23条）。

もし仮に、悪意や重大な過失があったときは、第三者に対しても損害を賠償することになりますので、設立時の社員や役員になる人は、「名前だけでいいから」などという誘いに対して、軽々しく安請け合いしないようにしましょう。社員や役員になるからには、きちんと法人の議論に参加し、法人の活動や管理に責任をもつ覚悟が必要です。

■役員等の損害賠償責任

理事、監事、会計監査人は、法人に対して受任者の立場にあり、委任の本旨に従い、善良なる管理者の注意義務をもって、その職務を行わなければなりません。もし、その任務を怠ったときは、法人に対して、自分の失敗や怠慢で生じた損害を賠償する責任を負うことになります（一般法人法111・172条、民法644条）。

そして、総社員の同意がなければ、その責任を免除することはできません（一般法人法112条）。

ただし、善意でかつ重大な過失がないときは、賠償の責任を負う額から下記の最低責任限度額を控除した額を限度として、社員総会の決議によって、責任を免除することができますが、一般の理事や監事に比べると、代表理事や業務執行理

事、さらに使用人を兼務する理事は責任が重くなっているので注意しましょう（一般法人法113条）。

最低責任限度額
（この金額を超える部分については、特例決議によって免除できる）

代表理事 …………………… 年間報酬額に相当する額の6倍
業務執行理事、使用人理事 … 年間報酬額に相当する額の4倍
一般理事、監事、会計監査人… 年間報酬額に相当する額の2倍

　また、役員等が職務を行うとき、善意でかつ重大な過失がなく、その原因や職務執行状況等の事情を勘案して、特に必要と認める場合に、理事会の決議（理事会がない場合は理事の過半数の同意）によって、上記の免除できる額を限度として責任を免除することができる旨を定款で定めることができます（一般法人法114条）。

　なお、理事が、競業や利益相反取引の制限に係る規定に違反して取引をしたときは、その取引によって理事等が得た利益の額を損害の額と推定します。また、利益相反取引によって一般社団法人に損害が生じたときは、次の者が損害賠償の対象となります（一般法人法111条3項）。

利益相反取引の損害賠償の対象
① その取引を行った理事
② 一般社団法人がその取引をすることを決定した理事
③ その取引に関する理事会の承認の決議に賛成した理事

　なお、自己のために**一般社団法人**との取引をした理事の損害賠償責任は、任務を怠ったことがその理事の責任でなくても、一切免除されません（一般法人法116条1項）。

■非常勤の役員にも責任が及ぶ？

　一般社団法人では、過去に一度も、その法人や子法人の理

事や職員になったことのない「非常勤理事」や「非常勤監事」等の責任についても、この者が行った任務で生じた損害を賠償する責任を負うことになります。この場合も、その非常勤役員等が善意でかつ重大な過失がないときは、前述の額を限度とする旨の契約を非常勤役員等と締結することができますので、あらかじめ定款に定めておくとよいでしょう（一般法人法115条）。

■第三者に対する損害賠償責任は？

　役員等がその職務を行うにあたって、悪意又は重大な過失があったときは、その役員等は、この法人に対してだけでなく、これによって第三者に生じた損害までも賠償する責任を負うことになります（一般法人法117条）。

　さらに、ある役員などが**一般社団法人**又は第三者に生じた損害を賠償する責任を負い、他の役員等もその損害を賠償する責任を負うことになった場合、同時に連帯債務者にもなるとされています（一般法人法118条）。

　いずれにせよ、役員等になる場合は、その法人への関わりが薄かったり、あまり参加していなかったりしても、ある一定の責任は回避できませんので、就任する場合は十分注意が必要です。

■役員の賠償責任保険は必須になる

　最近は、いろいろな法人でトラブルが相次ぎ、役員が責任追及で訴えられることも少なくないため、役員のなり手がいなくならないよう、役員の賠償責任保険に加入する法人がとても多くなりました。長らく、それに関する規制がなかったのですが、一般法人法も改正され、令和3年3月1日からは、社団法人や財団法人の役員が職務の執行に関し責任の追及に係る請求を受けた場合の費用（弁護士費用など）や第三者か

らの損害賠償請求に応じた場合などの損失について、法人が補償する契約の内容と手続について規定が整備されました。

　さらに、保険会社と締結する役員賠償責任保険についても、規定が整備されました（一般法人法118条の2・118条の2・198条の2）。

　具体的な内容は以下の通りです。

　　一般社団法人もしくは一般財団法人の理事及び監事が、次の①、②の費用等の全部又は一部を一般社団法人等が補償することを約束する旨の契約を締結する場合には、理事会の決議によらなければなりません。
① その職務の執行に関し、法令の規定に違反したことが疑われ、又は責任の追及に係る請求を受けたことに対処するために支出する費用
② その職務の執行に関し、第三者に生じた損害を賠償する責任を負う場合における次に掲げる損失
　1）当該損害を当該役員等が賠償することにより生ずる損失
　2）当該損害の賠償に関する紛争について当事者間に和解が成立したときは、当該役員等が当該和解に基づく金銭を支払うことにより生ずる損失

　なお、上記の補償契約に基づいて一般社団法人等が役員等に補償をした場合には、補償を行った理事及び当該補償を受けた理事は、遅滞なく当該補償についての重要な事実を理事会に報告しなければなりません。理事長や事務局長独自の判断で加入することのないよう十分注意が必要です。

　これらの改正については、役員の職務の執行が萎縮しないための対策になると考えられ、さらに、今後はほとんどすべての法人が役員に対する賠償責任保険の加入を検討するのではないかと思われます。

15 一般社団法人の会計と計算書類

■一般社団法人の会計

　一般社団法人の会計といっても、様々な法人形態がありますので、その行う事業に応じて、一般に公正妥当と認められる会計の慣行に従って行うことになります。ですから、会計基準については、特定の会計基準を義務づけるのではなく、事業に応じて一般的に妥当と認められる会計基準に従って行うのです。この点は、NPO法人と同じです（一般法人法119条）。

　もちろん、いい加減な帳簿管理は許されません。適時に、正確な会計帳簿を作成し、会計帳簿の閉鎖の時から10年間、その会計帳簿や計算書類、事業に関する重要な資料を保存し、総社員の10分の1以上の議決権を有する社員から閲覧の請求があれば、一定の事由がある場合を除き、それに応じなければならないのです（一般法人法120・121条）。

会計帳簿の保存と閲覧

保存…………10年間帳簿と関係書類を保存
閲覧対象者…総社員の10分の1以上の議決権を有する社員
時間帯………業務時間内にいつでも
閲覧方法……閲覧及び謄写
一般人………閲覧も謄写も拒否可能

■会計関係の計算書類とは？

　一般社団法人は、計算書類等に関して、各事業年度に係る貸借対照表、損益計算書、事業報告書、附属明細書等を作成

しなければなりません（一般法人法123条）。

　そして、監事や会計監査人による計算書類の監査を受け、定時社員総会の招集通知と同時に、社員に対してこれらの計算書類、事業報告、監査報告を提供します（一般法人法124・125条）。

　その後、定時社員総会で社員の承認を受け（一般法人法126条）、所轄の税務署に税務申告書を提出し、税金を計算し、納税することになります。

　さらに、**一般社団法人**は、法人の財務状況を開示することにより、法人運営の適正化と一般債権者の保護を図る必要がありますので、定時社員総会の終結後すぐに、貸借対照表等の公告が義務づけられています。しかし、これに関しては、インターネット等で5年間継続して公開することにより、公告は免除となります（一般法人法128条）。

　ただし、計算書類等は5年間、主たる事務所に備え置き、社員や債権者の閲覧が可能になります。この際、社員等は一定の手数料を支払えば、法人に謄本等を請求することもできます（一般法人法129条）。

計算書類の常備と閲覧

主たる事務所……定時総会の1週間前から5年間常備

従たる事務所……定時総会の1週間前から3年間常備

社員・債権者……例外を除き、いつでも閲覧と謄本の交付の請求可能

一般人…………閲覧も謄本の交付も拒否可能。ただし、債権者は閲覧可能

---

16 一般社団法人の 基金とは

■基金とは

　一般社団法人は、設立に一定額の財産を必要としないことから、法人の活動の原資となる資金を調達し、その財産的基礎の維持を図ることを可能とする「基金制度」(社員や社員以外から、法人の責任財産となる財産の拠出をしてもらい、それを基本財産とすること)を採用することができます。ですから、必ず採用しなくてはならないというわけではなく、安定的な運営をするために、基金制度を採用してもよいという意味なのです。基金制度を採用する場合は、基金の拠出者の権利に関する規定や基金の返還の手続方法を必ず定款に定めなければなりません(一般法人法131条)。

　また、基金制度についての最低金額の制限などは一切ありませんので、基金を1万円だけ徴収しても結構ですし、金銭以外の不動産等を基金と定めてもよいのです。もちろん、一般法人法では最低基本財産等の規定はありませんので、基金0円で一般社団法人を設立することもできます。

■基金の拠出

　基金の募集をしようとするときは、その都度、募集に係る基金の総額等の募集事項を定め、募集に応じて基金の引受けの申込みをしようとする者に対して、募集事項等を通知します(一般法人法132・133条)。

　基金の引受人(基金を拠出する人)は、期日内に自分の拠出する基金を払い込んだり、又はそれぞれの基金の払込金額に相当する現物拠出(お金の代わりに物品や有価証券等で拠

出すること）財産を提出したりします。ですから、現金でなくても財産に値する自動車や機械設備や株券等の物品を拠出することもできるのです（一般法人法132～137条）。

■基金の返還

　一般社団法人は、ある事業年度に係る貸借対照表上の純資産額が基金等合計額を超える場合、その事業年度の次の事業年度に関する定時社員総会の前日までの間に限って、その超過額を返還の総額の限度として、基金の返還をすることができます。ただし、基金の返還に係る債権には、利息をつけることができません（一般法人法141・143条）。

　基金制度は、法人の財産的基礎を形成し、維持を図るという性格をもつ一方、返還できる点が、分配行為を禁止する非営利の原則に反するのではという指摘があります。

　また、株式会社の資本金の減額と似た「基金の減少」はできません。さらに、基金の返還は、法人財産の流出を意味するものであるため、定時社員総会の決議を要するものとして、しっかり保護しています（一般法人法141条）。

■代替基金

　基金を返還する場合、返還をする基金に相当する金額を代替基金として計上しなければならず、その代替基金は、取り崩すことができません（一般法人法144条2項）。

17 一般社団法人の定款変更と解散

■定款の変更は特別決議

　一般社団法人は、成立後、社員総会の決議によって、定款の変更や事業の全部の譲渡をすることができます。この際、必要な議決数は、もっとも大事な決議の1つであることから、特別決議となり、総社員の半数以上の出席と総社員の議決数の3分の2以上の賛成が必要です。一般の決議に必要な条件（出席社員の過半数）とは違いますので、注意してください（一般法人法49・146・147条）。

　なお、このような決議は、定款の変更のほかに、社員の除名、監事の解任、解散、合併等があります（一般法人法49条）。

■休眠一般社団法人は解散させられる？

　一般法人法の特徴の1つが休眠法人の解散規定です。休眠法人とは、最後の登記から5年を経過した法人です。その間に必要な役員変更登記等がないと、休眠状態とみなされます。**休眠一般社団法人**に対して、法務大臣から2ヵ月以内に事業を廃止していない旨の届出をするように催告があり、それから2ヵ月以内にその届出や登記がない場合は、2ヵ月の期間満了時に解散したものとみなされます（一般法人法149条）。

　通常の解散は、次ページのとおり社員総会の決議や社員がいなくなった場合等に、法人が自ら行うものです（一般法人法148条）。

■注意！　何もしないと解散になります！！

　登記のことはよくわからない人も多いと思いますが、一般社団法人の役員（理事や監事）については、法律や定款で任期が決まっています。それなのに、その任期が過ぎても何もしない法人が続出しているのです。任期終了後、役員が変われば、役員変更登記の手続が必要なことには大抵気づくでしょう。一方、同じ人が役員を継続する場合は気づきにくいのですが、この際も役員重任登記の手続が必要です。

　重任登記手続とは、簡単にいえば、「現在の役員が任期期間終了後に引き続き役員を続けるための手続」のことです。自動車の運転免許の更新手続のような感じです。

「役員の任期期間がわからない」という方は、まず法人の定款を見てください。一般的な定款であれば、

　例1　（任期）　第○条　理事の任期は、選任後2年以内の
　　　　　　　　最終の事業年度……。

　例2　（監事の任期）　第○条　監事の任期は、選任後4年
　　　　　　　　以内の最終の事業年度……。

というように記載されているはずです。例1であれば、2年毎に理事の変更（重任）登記手続が必要になり、例2であれば、4年毎に監事の変更（重任）登記手続が必要です。

　例えば、理事の任期が2年、法人の決算が3月、定時社員総会を毎事業年度末日の翌日から3ヵ月以内に招集するとしている一般社団法人では、2年毎の6月末までに理事の改選（再選）決議と、その後に遅滞なく登記も必要です。

重任登記手続に必要な登録免許税は1万円ですが、この登記手続自体を忘れていると裁判所から過料を請求される場合がありますのでご注意ください。重任登記が遅くなればそれだけ過料の額も多くなります。

　一般法人法149条の定めにもかかわらず、従前は何もしない法人が多かったので、法務局はついに、平成28年10月半ばごろから、何もしない法人に対して強制的に動き始めたのです。そのため、毎年バタバタと一般社団法人が解散と見なされ、消えていっているのです。怖い話です。

　ついつい、同一人物が役員等を継続している場合や、活動を休止している場合などには、役員変更（重任）登記を忘れがちですので、みなし解散にされないようにご注意ください。

　一般法人法149条の「事業を廃止していない旨の届出」は、登記所からの通知書に詳細が書いてあるので、それを利用して、所定の事項を記載し登記所に郵送か持参することになります。万が一通知書が届かなかったら、書面に次の事項を記載して、登記所に提出済みの代表者印を押印して、提出してください。代理人が提出する場合は委任状も必要です。

【届出書に記載すべき事項】
①名称、主たる事務所並びに代表者の氏名及び住所
②代理人によって届出をする場合は、その者の氏名及び住所
③まだ事業を廃止していない旨
④届出の年月日
⑤登記所の表示

　仮に、登記官が解散の登記をした場合でも、継続登記により、みなし解散の登記後3年以内に限り、復活することができます。つまり、社員総会の特別決議又は評議員会の特別決議によって、法人の継続ができるのです。もちろん、継続したときは2週間以内に継続の登記申請をする必要があります。

第**3**章

一般財団法人を
もっと知ろう

1 一般財団法人とは どういうものか

　そもそも財団法人とは、社団法人と違って人の集まりではなく、結合されている財産の集合体に法人格を得るものです。

　一般財団法人は設立時の財産として設立者が最低300万円以上拠出することが求められています（一般法人法153条2項）。この拠出された財産は、**一般社団法人**の基金と違って寄附金と同じ意味のため、返還することはできません。寄附された財産が中心となって成立している法人なので、寄附した人が財産の返還を求めることができないのです。

　また、財団法人は、財産が中心ですから社団法人と違って原則として社員はいません。財産の管理者が財産を運用し、その運用によって生ずる収入や恒常的な賛助金でもって、助成活動などの事業を行います。つまり、財団というのは、財産の運用が公益活動そのものなのです。

　もちろん**一般財団法人**の場合は、公益活動をしなくてもよいので、財産を保持することや寄附を集めることだけに利用することもできます。ただし、これはあまりよい活用例ではありません。

　財産の最低金額が300万円ということは、昔の財団法人の規模では考えられないような小規模な法人でも設立することができます。そう考えると、何のための法人なのか、いちばんわかりにくい法人格といわれそうです。

　そのため、まじめに公益活動を行う団体は、一般財団法人をステップとし、なるべく早く公益財団法人にバージョンアップすることが必要不可欠です。

2 一般財団法人の組織とは

　一般財団法人には社員という制度がありません。このため、理事会が業務執行機関となり、一切の意思決定、業務執行、対外代表の権限を有しました。このように理事会は強大な権力をもってしまうことから、これをチェックするために評議員や監事の制度が設けられています（一般法人法170条）。

　理事会は、最高意思決定機関ではなく、業務執行機関です。そして、監事は業務監査と会計監査にあたりますが、そのほか実際上の諮問・審議機関として評議員3人以上で構成する評議員会を必ず置かなければなりません（一般法人法178～196条）。

　この評議員会が、最高意思決定機関となります。その権限として、諮問、監督、理事の業務執行の承認、理事・監事の選任等があります。いわば法人の最高機関及びお目付け役として機能することになります（一般法人法176・178条）。

●一般的な一般財団法人の組織形態

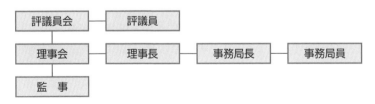

3 一般財団法人の つくり方

■設立順序

　一般財団法人を設立する場合には、財産を拠出する人（設立者）が法人化に関するすべてのことを決めます。このときの最低人数は特に定められていませんので、1人であれば1人だけで、複数人であれば、みなで協議して決定することになります。

　法人化を決断した後、設立者は、定款や組織づくりを行います。定款ができたら公証役場に行って、定款の認証を受けます。定款の認証が終わったら、設立者が拠出した300万円以上のお金を自分の口座にいったん振り込み、通帳又は取引明細書ページをコピーして添付し、主たる事務所の所在地の管轄の法務局の出張所で登記申請を行います。これで設立は完了します。一般財団法人も一般社団法人と同様、設立の登記を行ってはじめて、法人が成立（申請日が創立記念日）します（一般法人法155・157・163条）。

　ただ、**一般社団法人**の場合、理事会や評議員会設置の義務はなく、夫婦2人だけでも設立できますが、**一般財団法人**の場合は、理事会も評議員会も必ず置かなければならないので（一般法人法160条）、設立する際には、最低でも7人程度は必要ということになります。

■定款作成

　一般財団法人を設立するには、まず設立者全員で法人化を決定し、定款を作成することから始まります。従来の民法では、社団法人の規約のことを「定款」と呼ぶのに対し、財団

法人の規約のことを「寄附行為」と定めていました。これは、設立時に寄附された金品（基本財産）を維持運営するための規約という意味です。しかし、以前から「行為」なのか「規約」なのかわかりにくいとの指摘があり、一般法人法では「定款」に統一されました（一般法人法152条）。

定款には、目的、名称、主たる事務所の所在地、設立者の氏名・名称・住所、設立者が拠出する財産及びその価額、設立時評議員・理事・監事の選任事項等を記載することになります（一般法人法153条）。

また、設立者は、遺言で**一般財団法人**を設立する意思を表示することもできます。この場合、遺言執行者は、この遺言の効力が生じた後、遅滞なく、その遺言で定めた事項を記載した定款を作成します（一般法人法152条2項）。

なお、定款には、設立者に剰余金や残余財産の分配を受ける権利を与えるような記述があった場合は、効力がないことになっています（一般法人法153条3項2号）。

法人格取得は、主務官庁制ではなくなったので、定款の認証は、会社設立の場合と同じく、公証人役場で公証人が行うことになります（一般法人法155条）。

また、定款は常に事務所に備え置き、債権者や評議員等から請求があればいつでも閲覧できるようにしなければなりません（一般法人法156条）。

■一般財団法人の基金制度

一般社団法人は、設立時に一定額の財産を必要としないことから、その財産的基礎を充実させるための選択肢の1つとして、基金制度が必要と考えられ、基金制度を採用して財産を増やすことができます。しかし、**一般財団法人**の場合、設立時や存続中に一定額の財産を必要とする法人であり、その額も最低300万円の基本財産としている（一般法人法153条

２項）ことから、基金制度は不要と考えられ、この制度は採用できません。

■基本財産

　基金制度は採用不可ですが、**一般財団法人**は、目的である事業を行うために不可欠なものとして300万円以上の基本財産が必要です（一般法人法153条２項）。

　なお、**一般社団法人**の基金制度は、返還の義務がある制度ですが、財団法人に拠出された財産については、一切返還ができませんので、設立者から財産を預かっているのではなく、設立者から寄附されたものと考えるのが妥当です。

　基本財産とは、一般企業の資本金に相当するもので、主に次のものをいい、普段使用することができる「運用財産」と異なり、取り崩すことに対しては、厳しく制限されています。

一般財団法人の基本財産とは

① 設立当初の財産目録中、基本財産の部に記載された財産
② 基本財産とすることを指定して寄附された財産
③ 基本財産に繰り入れることを議決した財産

　その基本財産の価額の合計額は、300万円以上となっていますが、以前の財団の規模から考えると、あまりにも小さいため、もっと金額を高くするほうがよいという意見もあります。しかし、誰でも簡便に設立できるということを意識したため、300万円に落ち着いた模様です。

■財産の拠出は誰がどうするのか？

　設立者（設立者が遺言により**一般財団法人**設立の意思を表示した場合にあっては、遺言執行者）は、公証役場での定款の認証の後、すぐに定款に記載された拠出金を払い込むか、拠出に係る金銭以外に不動産や物品などがある場合は、それらの財産の全部を提出しなければなりません。この場合、生前贈与や遺言による遺贈によって財産を拠出することも可能です（一般法人法157・158条）。

遺言による一般財団法人設立の手続

（1）設立者が遺言で一般財団法人を設立する意思を表示し、定款に記載すべき内容を遺言で定める。

（2）遺言執行者が遺言の内容の実現（遺言の執行）を行い、遺言に基づいて遅滞なく定款を作成して公証人の認証を受ける。

（3）遺言執行者が財産（価額300万円以上）の拠出の履行を行う。

（4）定款で設立時評議員、設立時理事、設立時監事（設立時会計監査人を置く場合は、この者も含みます。）を定めなかったときは、定款の定めに従い、これらの者の選任を行う。

（5）設立時理事及び設立時監事が設立手続の調査を行う。

（6）設立時理事が法人を代表すべき者（設立時代表理事）を選定し、設立時代表理事が法定の期限内に主たる事務所の所在地を管轄する法務局に設立の登記の申請を行う。

一般財団法人の主な特色

○団体の公益性や目的は問わず、登記だけで設立可能。

○設立者は、設立時に 300 万円以上の財産を拠出。

○財団の目的は、その変更に関する規定を定款に定めない
　限り、変更不可。

○理事、理事会及び監事は必置。

○理事の業務執行を監督し、かつ、法人の重要な意思決定
　に関する機関として、評議員及び評議員会を必置。

○会計監査人の設置が可能。

○原則課税のグループと原則非課税のグループに区分。

4 一般財団法人の役員とは

■どんな機関が必要なのか？

　一般財団法人は、社員と理事のみ必置である**一般社団法人**と比べ、必要とされる機関が多いのが特徴です。まず、役員として理事3人以上（とそれに伴う理事会）と監事1人以上を必ず置かなければなりません。そして、役員ではありませんが、重要な存在となる評議員3人以上（とそれに伴う評議員会）を必ず置く必要があります（一般法人法160・177条）。

　そのほか、定款に定めれば会計監査人を置くことも可能です。なお、貸借対照表の負債の部の合計が200億円以上の**大規模一般財団法人**は、会計監査人を必ず置かなければなりません。ただし、公益財団法人の会計監査人については別基準です（一般法人法170・171・173・197条、認定法施行令6条）。

一般財団法人の役員等の人数

設立者……………　1人以上必置

評議員……………　3人以上必置。評議員会も必置

理事（役員）……　3人以上必置。理事会も必置

監事（役員）……　1人以上必置

会計監査人………　置かなくて可

　　　　　　　　（大規模一般財団法人は1人以上必置）

　まず、設立者意思を尊重する観点から、基本的には、設立時の定款で設立時の評議員、理事、監事を定めておきます。もし設立時に定めていない場合は、設立者は、財産の拠出の履行が完了した後、すぐに定款で定めた方法によって、これ

らの者を選任しなければなりません（一般法人法159条）。

　このとき、定款で評議員の選任権限が評議員会にあると定めることができますが、理事会への牽制機能のため、評議員の選任・解任の権利を理事会に与えることができず、理事会で評議員を選ぶことは一切できません（一般法人法153条）。

　これは、**一般財団法人**には社員総会がないため、それに代わる理事会のお目付け役が必要なことから、評議員会にその役目をもたせているわけなのです。では、理事は理事会で選任できるかというと、業務執行の意思決定機関自らが執行機関の人選を行うことは、恣意的な法人運営を招くおそれがあるので、それは不可能なのです。つまり、理事会主導で法人運営をすることを防いでいるのです。

　このことから、一見すると評議員会に権限が集中しているように思われますが、評議員会の権限は、法令に定める事項と定款に定める事項のみに限定されており、業務執行の権限はありませんので、権限が集中しているわけではありません。ただし、**一般財団法人**は、**一般社団法人**のような社員総会がないので、理事会を牽制するためには、評議員会がなくてはならない存在なのです。

■代表者を決める

　設立時には、もう1つ大事な人選があります。それは法人の代表者です。代表者の肩書として、通常は「理事長」「代表理事」「会長」などと呼ぶことになりますが、法的には「代表理事」となります。ですので、定款上は、「理事長」であっても、「会長」であっても、登記上は「代表理事」となり、代表理事のみが住所を登記することになります。代表者の選任方法は、設立時の理事が集まり、その中から過半数の賛成により設立時の代表理事を選定します（一般法人法162条）。

5 一般財団法人の最初の財産の拠出

■一般財団法人の財産の帰属時期

　設立者が生前の処分で財産を拠出したときは、その財産は、一般財団法人の成立の時から法人に帰属します。また、遺言で財産を拠出したときは、その財産は、遺言が効力を生じた時から法人に帰属します。このあたりは、実際の運用上、相続問題等によりトラブルが生じることも予想されますが、設立者（設立者が遺言により**一般財団法人**設立の意思を表示した場合にあっては、その相続人）は、**一般財団法人**の成立後、錯誤、詐欺又は強迫を理由として財産の拠出の取消しをすることはできません（一般法人法164・165条）。

　なお、任意団体の代表者が設立者となり、任意団体名義で財産を拠出することもできます。ただし、その場合は、その代表者が任意団体の代表であることを証明するため、団体の規則や代表者が選出されたときの議事録の写し等が必要です。

一般財団法人の
役員等の選任・任期

■役員の選任や任期は？

通常、役員（理事及び監事）は、理事会ではなく評議員会の決議によって選任することになります。その際、役員の員数を欠くことに備えて、補欠の役員を選任することもできます（一般法人法177・63条）。

理事の任期は、通常2年（選任後2年以内に終了する事業年度のうち最終のものに関する定時評議員会の終結の時まで）ですが、定款によって、その任期を短縮することは可能です。任期を1年とする法人もごく少数ですが存在します。なお、役員の再任は可能ですが、定款による任期の伸長は認められていません。変更がないのに2年に1回の再任の登記をするのが面倒だからと、任期を監事と同じく4年にするなどということはできませんのでご注意ください（一般法人法177・66条）。

また、監事の任期は、通常4年（選任後4年以内に終了する事業年度のうち最終のものに関する定時評議員会の終結の時まで）ですが、理事と任期が異なると、運営しにくいという声に応え、理事と同じく2年に短縮することもできます（一般法人法177・67条）。

■評議員、会計監査人の選任や任期は？

評議員の任期は、通常4年（選任後4年以内に終了する事業年度のうち最終のものに関する定時評議員会の終結の時まで）ですが、定款によって、その任期を6年（選任後6年以内に終了する事業年度のうち最終のものに関する定時評議員

会の終結の時）まで伸長することができます。ただし、理事の任期と合わせたほうが運営しやすいなどということで、4年よりも短縮することは監事の場合と違って一切できません（一般法人法174条）。

　評議員の選任については、理事会で行うことができないので、通常は評議員会で行うか、評議員選考委員会等を設置して、そこで行うことになります。

　また、会計監査人は、通常、監事が議案の内容を決定し、評議員会で選任します。会計監査人にも任期があり、任期は1年（選任後1年以内に終了する事業年度のうち最終のものに関する定時評議員会の終結の時まで）です（一般法人法177・69条）。

■理事、監事、会計監査人の解任とは？

　理事や監事、会計監査人は、通常は評議員会の決議で選任することになりますが、職務上の義務に違反し又は職務を怠ったときや、心身の故障のため、職務の執行に支障があり、又はこれに堪えないときは、やはり評議員会の決議によって解任することもできます。ただし、会計監査人の解任に関しては、監事が議案の内容を決定することになります（一般法人法176・177・71・73条）。

7 一般財団法人の評議員会

■評議員会の開催

　評議員会は、すべての評議員で組織します。しかし、評議員会は、業務執行機関ではありませんので、一般法人法に規定する事項や定款で定めた事項に限って決議をすることができます。ただし、一般法人法で定めた評議員会の決議事項は、理事や理事会等の他の機関が決定することはできません（一般法人法178条）。

　通常、評議員会は、決算報告の時期に定例評議員会が招集されますが、必要がある場合には、いつでも招集することができます。定款で事業計画や予算の決定を理事会で行うことにしておけば、評議員会は年に1回、決算後の開催だけでもよいのです（一般法人法179条）。

　なお、評議員会の招集は理事が行います（一般法人法179条3項）が、必要であれば、評議員が理事に請求することもできます（一般法人法180条）。

　一般法人法に規定されていませんが、評議員会についても、理事会同様、委任出席、代理出席、書面表決が一切できないと考えられています。それは、**一般社団法人**において、社員総会における社員の議決権の代理行使は規定されているにもかかわらず、**一般財団法人**の評議員についてはその規定が一切ないということは、代理行使が認められないと解釈せざるを得ないからです。

　よって、今まで充て職としてほとんど会議に出席できない人を評議員に据えていた法人もありますが、今後は開催しても議決権の数が足らないという事態を招くおそれがあります

ので、十分注意して人選しましょう。

■評議員会の決議

　評議員会の決議は、議決に加わることができる評議員数の
過半数（これを上回る割合を定款で定めた場合にあっては、
その割合以上）が出席し、その過半数（これを上回る割合を
定款で定めた場合にあっては、その割合以上）の賛成でもっ
て可決します。しかし、次の場合は、重要な議案ですので、
評議員数の3分の2（これを上回る割合を定款で定めた場合
にあっては、その割合）以上の賛成が必要になります（一般
法人法189条）。

---

①監事の解任　　②役員等の責任の一部免除
③定款の変更　　④事業の全部の譲渡
⑤法人の継続
⑥吸収合併契約又は新設合併契約の承認

　なお、一般法人法では、理事の選任や解任は評議員会でし
か行えず、その評議員を理事会では選任・解任はできません
（一般法人法153条3項1号）。

■理事と理事会の役目とは？

　理事は、**一般財団法人**の財産のうち、基本財産（法人目的を達成する事業を行うために不可欠なものとして定款で定めたもの）があるときは、これを維持しなければなりません。すなわち、勝手に処分することは、目的である事業の妨げになるので一切禁止されています。

　また、理事会は、**一般社団法人**同様、すべての理事で組織し、業務執行の決定、理事の職務の執行の監督、代表理事の選定や解職等の職務を行います。なお、重要な財産の処分や、多額の借り入れ、重要な職員の人選等は、代表理事に委任することはできません（一般法人法197・90条）。

　また、評議員の選任・解任は一般法人法では一切理事が関与できませんので、注意が必要です（一般法人法153条）。

■理事会の決議とは？

　理事会の決議は、原則として議決に加わることができる理事の過半数が出席し、その過半数の賛成でもって行うことになります。その際、その決議について特別の利害関係を有する理事がいる場合は、その理事は、議決に参加できません（一般法人法197・95条）。

　一般法人法では、理事会や評議員会についての規定が厳しく、委任出席、代理出席、書面表決が一切できません。よって今まで充て職としてほとんど会議に出席できない人を理事に据えていた法人もありますが、今後は開催しても議決権の数が足らないという事態を招くおそれがありますので、十分

注意して人選しましょう（一般法人法197・95条）。

　ただし、**一般財団法人**は、決議の省略ができます。これは、理事の全員が書面やインターネット上などで同意の意思表示をすることで、その議案を可決する方法です。今後IT社会の進展とともに必ず増えると予想されるWeb会議や電話会議を想定したもので、皆が一堂に参加できなくても、すべての人が「YES」と認めた議案は可決となります。ただし、1人でも「NO」とした場合は、議案は可決できないことになります。さらに、すべての理事が「YES」であっても、監事がそれを認めないときは、やはりその議案は可決することができません。なお、書面やインターネット上で同意を得ることによる理事会の省略を行う場合は、定款にその旨を定めなければなりません。定めないで、持ち回り理事会等をした場合は、一切審議が無効となりますので注意しましょう（一般法人法197・96条）。

　また、開催した理事会の議事録は、理事会の日から10年間その主たる事務所に備え置かなければなりません（一般法人法197・97条）。

■理事会の開催義務は？

　理事は、**一般財団法人**に著しい損害を及ぼすおそれのある事実があることを発見したときは、直ちに、その事実を監事に報告しなければなりません（一般法人法197・85条）。

　そのため通常は、業務の内容を熟知する必要があり、3ヵ月に1回以上、理事会を開催することが原則となっています。しかし、実際はそんなに開催できないという場合は、毎事業年度最低2回に減らすこともできます。その場合はきちんと定款で定めなくてはなりません（一般法人法197・91条）。

　よくある例として、予算案と決算案を承認して評議員会に付議するために、3月と6月に理事会を開催する法人があり

ますが、このように、毎事業年度に４ヵ月を超える間隔で２回以上行うとすることも定款に記載すれば可能なのです。３月と６月だから３ヵ月しか離れていないと心配する人もいますが、その年度では６月が最初の理事会となりますから、それから３月までは９ヵ月も離れているので安心してください。

　なかには、評議員会を６月に開催するので、その時に同時に年１回だけ理事会を開催するという法人もあるようですが、それは法律違反となりますので改めましょう。

9 一般財団法人の監事と会計監査人

　監事は、**一般社団法人**同様、主に業務監査と会計監査が仕事です。理事等の職務執行を監査するために、理事や職員に事業の報告を求めたり、業務や財産の状況を調査したりしながら、監査報告を作成します（一般法人法197・99条）。

　また、理事の不正を発見したときは、すぐに理事会や評議員会に報告しなければなりませんし、必要なときは、理事会に出席して意見を述べたり、理事会を招集したりすることができます（一般法人法197・100〜102条）。

　つまり、監事というのは会計知識があるだけでなく、理事会に対してきちんとした意見を述べることができる人でなければならず、理事や職員との兼職が認められていないばかりか、その関連する法人の理事や職員にもなれないという、とても重要な職務であり役目なのです（一般法人法197・65条2項）。

　なかには、監事が決算書類を一切読めなかったり、理事よりも地位が低くみられたりという法人もあるようですが、それでは役目を果たすことができませんので注意しましょう。

　また、**一般財団法人**であっても、貸借対照表の負債の部の合計が200億円以上の**大規模一般財団法人**であれば、評議員会の決議によって、監事以外に会計監査人を選任しなければなりません（一般法人法171・62・63条）。

　会計監査人は、**一般財団法人**の計算書類等を監査することが仕事で、会計監査報告を作成します。ですから公認会計士又は監査法人でなければならないことになっています。そして、会計監査人は、理事や使用人に会計に関する報告を求め

たり、業務や財産の状況を調査したりすることができます(一般法人法197・107・68条)。

　また、理事の不正を発見したときは、直ちにそのことを監事に報告しなければなりません（一般法人法197・108条）。

　さらに、監事と意見が異なるときは、定時社員総会に出席して、意見を述べることができます（一般法人法197・109条）。

10 一般財団法人の役員の責任

■役員等の損害賠償責任

　理事、監事、会計監査人又は評議員は、法人に対して受任者の立場にあり、委任の本旨に従い、善良なる管理者の注意義務をもって、その職務を行わなければなりません。もし、その任務を怠ったときは、法人に対して、自分の失敗や怠慢で生じた損害を賠償する責任を負うことになります（一般法人法198・111条、民法644条）。

　そして、総評議員の同意がなければ、その責任を免除することはできません（一般法人法198・112条）。

　ただし、善意でかつ重大な過失がないときは、賠償の責任を負う額から下記の最低責任限度額を控除した額を限度として、評議員会の決議によって、責任を免除することができますが、一般の理事や監事に比べると、代表理事や業務執行理事、さらに使用人を兼務する理事は責任が重くなっているので注意しましょう（一般法人法198・113条）。

最低責任限度額

（この金額を超える部分については、特別決議によって免除できる）

代表理事…………………………年間報酬額に相当する額の６倍
業務執行理事、使用人理事……年間報酬額に相当する額の４倍
一般の理事、監事、会計監査人…年間報酬額に相当する額の２倍

　また、役員等が職務を行うとき、善意でかつ重大な過失がなく、その原因や職務執行状況等の事情を勘案して、特に必要と認める場合に、理事会の決議（理事会がない場合は理事の過半数の同意）によって、上記の免除できる額を限度とし

て責任を免除することができる旨を定款で定めることができます（一般法人法198・114条）。

　なお、理事が、競業や利益相反取引の制限に係る規定に違反して取引をしたときは、その取引によって理事等が得た利益の額を損害の額と推定します。また、競業や利益相反取引によって**一般財団法人**に損害が生じたときは、次の者が損害賠償の対象となります（一般法人法198・111条3項）。

利益相反取引の損害賠償の対象

① 　その取引を行った理事

② 　一般財団法人がその取引をすることを決定した理事

③ 　その取引に関する理事会の承認の決議に賛成した理事

　なお、自己のために**一般財団法人**との取引をした理事の損害賠償責任は、任務を怠ったことがその理事の責任でなくても、一切免除されません（一般法人法198・116条）。

■非常勤の役員にも責任が及ぶ？

　一般財団法人では、過去に一度も、その法人や子法人の理事や職員になったことのない「非常勤理事」や「非常勤監事」等の責任についても、この者が行った任務で生じた損害を賠償する責任を負うことになります。この場合も、その非常勤役員等が善意でかつ重大な過失がないときは、前述の額を限度とする旨の契約を非常勤役員等と締結することができますので、あらかじめ定款に定めておくとよいでしょう（一般法人法198・115条）。

■第三者に対する損害賠償責任は？

　役員等がその職務を行うにあたって、悪意又は重大な過失があったときは、その役員等は、この法人に対してだけでなく、これによって第三者に生じた損害までも賠償する責任を

負うことになります（一般法人法198・117条）。

　さらに、ある役員などが**一般財団法人**又は第三者に生じた損害を賠償する責任を負い、他の役員等もその損害を賠償する責任を負うことになった場合、同時に連帯債務者にもなるとされています（一般法人法198・118条）。

　いずれにせよ、役員等になる場合は、その法人への関わりが薄かったり、あまり参加していなかったりしても、ある一定の責任は回避できませんので、就任する場合は十分注意が必要です。

11

一般財団法人の会計と計算書類

■一般財団法人の会計書類

　一般財団法人は、一般社団法人と同様、特定の会計基準を義務づけられるのではなく、事業に応じて一般的に妥当と認められる会計基準に従って、正確な会計帳簿や計算書類等を作成し、会計帳簿の閉鎖の時から10年間、その会計帳簿や計算書類（各事業年度に係る貸借対照表、損益計算書、事業報告書並びにこれらの附属明細書）、事業に関する重要な資料を保存しなければなりません（一般法人法199・119・120条）。

　そして、監事や会計監査人による計算書類等の監査を受け、評議員会の招集通知と同時に、評議員に対してこれらの計算書類、事業報告、監査報告を提出するのです（一般法人法199・124・125条）。

　その後、評議員会で評議員の承認を受け、計算書類は所轄の税務署に提出し、税金を計算し、納税することになります。財団という名前から、何で課税なのかと疑問に思う人も多いことでしょうが、一般財団法人というのは、公益認定を受けていない以上、法律上は、まったく公益的な団体ではないので、全所得課税グループになると別段の優遇措置はありません。このあたりは相当混乱しそうですが、よく覚えておく必要があります（一般法人法199・126条）。

■一般財団法人の開示とは？

　一般財団法人は、法人の財務状況を開示することにより、法人運営の適正化と一般債権者の保護を図る必要がありま

す。よって、評議員会の終結後すぐに、貸借対照表等の公告が義務づけられています。しかし、これに関しては、インターネット等で5年間継続して公開することにより、その公告は免除となります（一般法人法199・128条）。

ただし、計算書類等は5年間、主たる事務所に備え置き、評議員や債権者に閲覧させることになります。この際、評議員等は一定の手数料を支払えば、法人に謄本等を請求することもできます（一般法人法199・129条）。

計算書類の常備と閲覧

主たる事務所……定時評議員会の1週間前から5年間常備

従たる事務所……定時評議員会の1週間前から3年間常備

評議員・債権者…例外を除き、いつでも閲覧と謄本の交付の請求可能

一般人…………閲覧も謄本の交付も拒否可能。ただし、債権者は閲覧可能

12

一般財団法人の定款変更と解散

■定款の変更

　一般財団法人は、その成立後、評議員会の決議によって、定款の変更や事業の全部の譲渡をすることができます。ただし、下記に掲げる例外以外は、法人の事業の目的や評議員の選任・解任の方法について定款の定めを変更することができません（一般法人法200・201条）。

目的や評議員の選任・解任の方法について変更できる場合

①　設立者が定款で目的又は評議員の選任若しくは解任の方法に係る定款の定めを評議員会の決議によって変更することができることを定めたときは、評議員会の決議によって、その定めを変更することができる。

②　設立の当時予見することのできなかった特別の事情により、目的又は評議員の選任若しくは解任の方法に係る定款の定めを変更しなければその運営の継続が不可能又は著しく困難となるに至ったときは、裁判所の許可を得た後に、評議員会の決議によって、その定款の定めを変更することができる。

■なぜ簡単に定款は変えられないのか？

　一般財団法人は、何度も述べているとおり、社員総会がありません。登記だけで設立できるのですから、行政庁の監督もありません。最大の監督機関が評議員会なので、簡単にその選任方法等を変更できないようにしているのです。

　お目付け役が目障りだからやめてもらおうと思っても、そうはいかないということです。よって、評議員会は、自分た

ちで自分たちのことを選任すると決めたら、自分たちでそれを変えない限り、永久に変えることはできないのです。

　一方、理事会はどうでしょうか。業務執行の意思決定機関自らが執行機関の人選を行うことは、恣意的な法人運営を招くおそれがあるので、さけるべきなのです。理事会と評議員の扱いは大きく異なるのです。

　なお、定款の変更や事業の譲渡に必要な議決数は、もっとも大事な特別決議の１つであることから、総評議員の半数以上の出席と総評議員の議決権の３分の２以上の賛成が必要です。一般の決議に必要な条件（出席評議員の過半数）とは大きく異なりますので、注意が必要です。

■一般財団法人の解散とは？

　一般財団法人は、基本財産の滅失等による目的である事業の成功の不能、あるいは、ある事業年度とその翌事業年度に係る貸借対照表上の純資産額がいずれも300万円未満になったら、解散しなければなりません（一般法人法202条）。

　その他、通常の解散以外に、休眠状態のみなし解散があります。休眠法人とは、最後の登記から５年を経過した法人のことで、その間に必要な役員変更登記等がないと、休眠状態とみなされるのです。そして、この休眠一般財団法人に対して、法務大臣から２ヵ月以内に事業を廃止していない旨の届出をするように催告があり、それから２ヵ月以内にその届出や登記がない場合は、２ヵ月の期間満了時に解散したものとみなされるのです（一般法人法203条）。

　なお、一般財団法人は、設立者の定めた目的を実現すべき法人であり、一般社団法人の場合とは異なり、設立後に評議員会の決議などの法人の機関の意思決定によって自主的に解散することはできないこととされています。

■注意！　何もしないと解散になります！！

　みなし解散については第2章17でも触れましたが、一般財団法人についても改めてご説明します。

　登記のことはよくわからない人も多いと思いますが、一般財団法人の役員等（理事や監事、評議員）については、法律や定款で任期が決まっています。それなのに、その任期が過ぎても何もしない法人が続出しているのです。任期終了後、役員が変われば、役員変更登記の手続が必要なことには大抵気づくでしょう。一方、同じ人が役員を継続する場合は気づきにくいのですが、この際も役員重任登記の手続が必要です。

　重任登記手続とは、簡単にいえば、「現在の役員等（理事や監事、評議員）が任期期間終了後に引き続き役員等を続けるための手続」のことです。自動車の運転免許の更新手続のような感じです。

　「役員の任期期間がわからない」という方は、まず法人の定款を見てください。一般的な定款であれば、

　　例1　（任期）第○条　理事の任期は、選任後2年以内の
　　　　　最終の事業年度……。
　　例2　（監事の任期）第○条　監事の任期は、選任後4年
　　　　　以内の最終の事業年度……。

というように記載されているはずです。例1であれば、2年毎に理事の変更（重任）登記手続が必要になり、例2であれば、4年毎に監事の変更（重任）手続が必要です。

　例えば、理事の任期が2年、法人の決算が3月、定時評議員会を毎事業年度末日の翌日から3ヵ月以内に招集するとしている一般財団法人では、2年毎の6月末までに理事の改選（再選）決議と、その後に遅滞なく登記も必要です。

　重任登記手続に必要な登録免許税は1万円ですが、この登記手続自体を忘れていると裁判所から過料を請求される場合がありますのでご注意ください。重任登記が遅くなればそれ

だけ過料の額も多くなります。

　一般法人法203条の定めにもかかわらず、従前は何もしない法人が多かったので、法務局はついに、平成28年10月半ばごろから、何もしない法人に対して強制的にこの法律のように動き始めたのです。そのため、毎年バタバタと一般財団法人が消えていっているのです。怖い話です。

　ついつい、同一人物が役員等を継続して行っている場合や、活動を休止している場合などには、役員変更（重任）登記を忘れがちですので、みなし解散にされないようにご注意ください。

　一般法人法203条の「事業を廃止していない旨の届出」は、登記所からの通知書に詳細が書いてあるので、それを利用して、所定の事項を記載し登記所に郵送か持参することになります。万が一通知書が届かなかったら、書面に次の事項を記載して、登記所に提出済みの代表者印を押印して、提出してください。代理人が提出する場合は委任状も必要です。

【届出書に記載すべき事項】
①名称、主たる事務所並びに代表者の氏名及び住所
②代理人によって届出をする場合は、その者の氏名及び住所
③まだ事業を廃止していない旨
④届出の年月日
⑤登記所の表示

　仮に、登記官が解散の登記をした場合でも、継続登記により、みなし解散の登記後3年以内に限り、復活することができます。つまり、社員総会の特別決議又は評議員会の特別決議によって、法人の継続ができるのです。もちろん、継続したときは2週間以内に継続の登記申請をする必要があります。

第**4**章

一般社団・財団法人の
設立申請書類作成

1 一般社団法人 設立の流れ

　一般社団法人を設立する場合は、２人以上の発起人が集まり、定款（設立当初の役員や会費の決定も含む）、事業計画書、収支予算書等について検討し、原案をつくります。

　そして、発起人の中から設立時の社員（議決権をもつ会員のこと）が最終的に集まり、法人設立の意思決定を行うとともに、発起人会で作成した定款等の運営ルールや体制等について決議をします。

　なお、任意団体が法人化する場合は、任意団体の財産等を新法人に継承することを確認します。

　そして、役員（理事・監事）の就任承諾書や印鑑証明書等を取り寄せるとともに、設立申請に必要な正式書類を作成します。設立時社員のみ定款に実印を押印します。

　定款や申請書類が完成したら、公証役場で定款の認証を受けます。この時、定款の認証料（定款認証手数料（５万円）と謄本代（２千円程度））が必要です。

　定款の認証が済んだら、いよいよ法務局への設立登記申請です。主たる事務所の管轄の法務局（の出張所）に申請書類を提出し、形式上の不備がなければ受理されます。この時、設立登記登録免許税として６万円分の収入印紙が必要です。

　登記申請書類を受理された日が法人成立の日、いわば創立記念日となりますので、それにふさわしい日を選んで申請をすることをお勧めします。

　登記申請から約１〜２週間で登記事項証明書が取得できます。その証明書（登記簿謄本）をもって銀行口座の開設や各種届出をします。

一般社団法人の設立の流れ

2人以上の発起人が法人の内容を協議

設立時社員が内容決定し、定款に押印

公証役場で定款の認証

法務局で設立登記の申請
（この日が法人成立の日となる）

登記事項証明書を取得し各種届出

2 一般財団法人 設立の流れ

　一般財団法人を設立する場合は、財産を拠出する設立者が定款（設立当初の役員の決定も含む）、事業計画書、収支予算書等について検討し、原案をつくります。

　その際、設立者は1人でも複数でも構いません。その場合は、設立者全員が最終的に集まり、法人設立の意思決定を行い、定款等の運営ルール等を決議します。

　さらに、役員（理事・監事）や評議員の就任承諾書や印鑑証明書等を取り寄せるとともに、設立申請に必要な正式書類を作成します。設立者全員が定款に実印を押印します。

　定款等の申請書類が完成したら、公証役場で定款の認証を受けます。この時、定款の認証料（定款認証手数料（5万円）と謄本代（2千円程度））が必要です。

　定款の認証が済んだら、すぐに設立者が財産の拠出をします。複数の場合は、合計で300万円以上にならなければなりません。設立者が1人であればその口座に1人で振り込みを行い、設立者が複数であれば設立者の1人の銀行口座に設立者全員が振り込み、その写しをもって、拠出証明となります。

　財産の拠出が終わったら、法務局への設立登記申請です。主たる事務所の管轄の法務局（の出張所）に申請書類を提出し、形式上の不備がなければ受理されます。この時、設立登記登録免許税として6万円分の収入印紙が必要です。

　登記申請書類を受理された日が法人成立の日、いわば創立記念日となりますので、それにふさわしい日を選んで申請することをお勧めします。

　登記申請から約1〜2週間で登記事項証明書が取得できま

す。その証明書（登記簿謄本）をもって銀行口座の開設や各
種届出をします。

一般財団法人の設立の流れ

1人以上の設立者全員で
内容決定・定款に押印

公証役場で定款の認証

設立者全員が拠出財産を振込

法務局で設立登記の申請
（この日が法人成立の日となる）

登記事項証明書を取得し各種届出

3 定款認証と登記の注意事項

■公証役場での定款認証

定款は公証役場に出向いて直接認証を受けるようにしましょう。

電子認証の方が便利だと考える人もいると思いますが、電子認証の場合、オンライン申請後は定款内容を修正・変更はできませんので、改めてオンライン申請をやり直ししなければなりません。なので、事前の相談予約は必須と考えてよいでしょう。なお、定款の認証の予約は、電話が一般的ですが、公証役場の中にはホームページの予約フォームで申し込めるところもあります。

さらに、電子認証の場合、電子署名をした嘱託人又はその代理人が、必要書類を持参して、公証役場に出向く必要があります。インターネットから嘱託・請求はできるようになりましたが、認証にあたっては公証人法により面前性が求められているため、必ず認証の際に電子署名をした嘱託人又はその代理人が公証役場に出向く必要があるのです。

それでは電子認証の意味がないと怒る方がいるかもしれませんが、電子認証では公証人の先生と相談ができないだけでなく、できた定款を公証役場に一度は受け取りに行く必要もありますし、一般社団法人の定款認証には収入印紙はもともと不要で電子認証にしても費用は変わりません。よって、一般社団法人・財団法人の設立の場合は会社と違って、電子認証はなるべく避けることをお勧めします。

■定款認証の前にやるべきこと

　平成30年11月30日から、定款認証の手続が変わりました。

　法人の実質的支配者を把握すること等により、法人の透明性を向上させることが国内外で求められていることを踏まえて、一般社団法人及び一般財団法人の設立時の定款認証の際には、法人の実質的支配者が暴力団員や国際テロリストでないかどうかの確認を行うことになったのです。

○確認方法

①　法人成立の時に実質的支配者となるべき者について、その氏名、住居、生年月日等と、その者が暴力団員等に該当するか否かを公証人に申告する。

②　申告された実質的支配者となるべき者が暴力団員等に該当し、又は該当するおそれがあると認められた場合には、嘱託人又は実質的支配者となるべき者は、申告内容等に関して公証人に必要な説明をする。

○申告方法

　実質的支配者となるべき者に関する氏名等の申告は、日本公証人連合会のホームページで提供する「申告書」の書式（次ページ参照）を利用し、これをダウンロードして、それに入力する、又は印刷して記入し、署名若しくは記名押印し、公証人にファックス、郵送、あるいは持参する。

※この申告は、定款認証の嘱託までに行う必要がありますが、迅速かつ的確な定款認証・法人設立を実現するためにも、定款案の点検を公証人に依頼する際、併せて実質的支配者となるべき者に関する申告をするようにしてください。

●実質的支配者となるべき者の申告書書式

実質的支配者となるべき者の申告書（一般社団・一般財団用）

（公証役場名）
○○公証役場　　　認証担当公証人　○○　○○　　　　　　　　　　殿

（名称）一般社団法人（財団法人）○○○○

の成立時に実質的支配者となるべき者の本人特定事項等及び暴力団等該当性について、以下のとおり、申告する。

令和　3　年　4　月　1　日　　　　　＊設立時社員2名で連名の場合（見本）

■ 嘱託人住所　（住所）東京都○○区○○　　　■ 嘱託人氏名（記名又は署名）○○　○○
　　　　　　　　（住所）大阪府○○市　　　　　　　　　　　　　　　　　　○○　○○

実質的支配者となるべき者の該当事由（①又は②のいずれかの番号の左側の□内に✔印を付けてください。）

□　❶　出資、融資、取引その他の関係を通じて、設立する法人の事業活動に支配的な影響力を有する自然人となるべき者：犯罪による収益の移転防止に関する法律施行規則（以下「犯収法施行規則」という。）11条2項3号ロ参照

☑　❷　❶に該当する者がいない場合は、設立する法人を代表し、その業務を執行する自然人となるべき者：犯収法施行規則11条2項4号参照

実質的支配者となるべき者の本人特定事項等(※1、※2)						暴力団員等該当性(※3)
住居	東京都○○区○○	国籍等	⊛日本⊛・その他　　（※4） （　　　　　　　　）	性別	⊛男⊛・女 （※5）	（暴力団員等に） 該当 ・ ⊛非該当⊛
		生年月日	⊛昭和⊛・平成・西暦） 　　　　年　月　日生			
氏名	フリガナ ○○○　　○○○ ○○○　　○○○	実質的支配者該当性の根拠資料	⊛定款⊛・定款以外の資料・なし （※6）			
住居		国籍等	日本・その他　　（※4） （　　　　　　　　）	性別	男・女 （※5）	（暴力団員等に） 該当 ・ 非該当
		生年月日	（昭和・平成・西暦） 　　　　年　月　日生			
氏名	フリガナ	実質的支配者該当性の根拠資料	定款・定款以外の資料・なし （※6）			
住居		国籍等	日本・その他　　（※4） （　　　　　　　　）	性別	男・女 （※5）	（暴力団員等に） 該当 ・ 非該当
		生年月日	（昭和・平成・西暦） 　　　　年　月　日生			
氏名	フリガナ	実質的支配者該当性の根拠資料	定款・定款以外の資料・なし （※6）			

※1　「住居、氏名」欄には、該当者全員を記載する。
※2　犯収法施行規則11条4項によって、上場企業等及びその子会社は自然人とみなされるので、上記自然人の「住居、氏名」欄に、その「住所、名称」を記載する。
※3　実質的支配者となるべき者が暴力団員（暴力団員による不当な行為の防止等に関する法律第2条第6号）、国際テロリスト（国際連合安全保障理事会決議第1267号等を踏まえ我が国が実施する財産の凍結等に関する特別措置法第3条第1項の規定により公告されている者又は同法第4条第1項の規定による指定を受けている者）又は大量破壊兵器関連国際等司法（国際連合安全保障理事会決議第1267号等を踏まえ我が国が実施する財産の凍結等に関する特別措置法第3条第2項の規定により公告されている者）のいずれにも該当しない場合には、「暴力団員等該当性」欄の「非該当」を◯で囲み、いずれかに該当する場合は、「該当」を◯で囲む。なお、該当する選択肢を◯で囲むことに代えて、実質的支配者となるべき者が作成した旨の表明保証書を提出することも可能である。
※4　「国籍等」欄は、日本国籍の場合は「日本」を◯で囲み、日本国籍を有しない場合は「その他」を◯で囲んで具体的な国名等を（　）内に記載する。
※5　「性別」欄は、該当するものを◯で囲む。
※6　「実質的支配者該当性の根拠資料」欄は、該当するものを◯で囲み、定款以外の資料がある場合には、その原本又は写しを添付する。また、実質的支配者となるべき者の本人特定事項等が明らかになる資料も添付する（自然人の場合には、運転免許証、旅券、個人番号カード（マイナンバーカード）、在留カードの写し等、法人の場合には、全部事項証明書及び印鑑証明書の原本又は写し）。

実質的支配者となるべき者が3名を超える場合は、更に申告書を用いて記入してください。

※日本公証人連合会ホームページ（http://www.koshonin.gr.jp/pdf/declaration_group2023.pdf）より抜粋

■法務局での設立登記申請

　登記申請に関しては、すべての法務局が郵送でも書類を受け付けていますが、その場合も窓口での相談や確認ができないので、できるだけ直接、主な事務所の所在地の法務局の出張所に出向いて提出しましょう。

　法務局には、相談窓口がありますので、提出する前に一度書類をチェックしてもらうとよいでしょう。

　窓口での相談で問題がないといわれたら、申請書に設立登録免許税として6万円の収入印紙を貼り、提出することになります。

■登記申請の前に用意する物

　登記手続に先立ち、法人の印鑑を調達しておく必要があります。これまで「人格なき社団」で使用してきた団体印を、そのまま使用することも考えられますが、新しい法人登記用の印鑑をつくることをお勧めします。この印鑑は、自動車の購入、不動産取引等、法務局で発行する印鑑証明書が必要なときに使用します。個人の印鑑証明は市町村で発行しますが、法人の場合は法務局が発行します。

　なお、印鑑の大きさには規格があり、1辺が3cm以内の正方形に収まる大きさとなります。この場合、一般社団・財団法人の法人名が書いてあってもなくても、丸印でも角印でも結構です。

■登記手続

　登記手続は、代表者本人が必要な書類、印鑑を持参して法務局の出張所に赴き、必要書類を添付して提出することで終了しますが、書類の提出で登記が完了するわけではありません。提出書類を登記官が精査して、問題がないと確認することによって登記が完了することになります。

法人登記は、即時処理されることはほとんどなく、書類を提出してから数日後、登記事務が混雑しているときは2、3週間も後に登記完了となることもあります。登記完了の通知の方法は、法務局によって異なるので、登記手続の際確認しておく必要があります。なお、法人設立の日となる登記の日付は、設立登記申請書提出日となります。

　また、登記手続の際に、登記事項証明書の請求も併せて行うと便利です。登記事項証明書は、誰でもどこの出張所でも取得することができますが、1通600円の登記印紙を購入して添付することになります。

　設立後に、郵送やインターネットで請求をすることもできます。

4 定款をつくる際の注意事項とは

　新しい定款を作成するうえで、まず検討しなければいけないことは、「必ず記載しなければならないものは何か」「それをどこにどのように記載するのか」といったことでしょう。

　一般社団法人の絶対的記載事項には、「目的」、「名称」、「主たる事務所の所在地」、「設立時社員の氏名又は名称及び住所」、「社員の資格の得喪に関する規定」、「公告方法」、「事業年度」があります。

　一方、**一般財団法人**の絶対的記載事項は、「目的」、「名称」、「主たる事務所の所在地」、「設立者の氏名又は名称及び住所」、「設立に際して設立者が拠出をする財産及びその価額」、「設立時評議員、設立時理事及び設立時監事の選任に関する事項」、「会計監査人設置の場合、設立時会計監査人の選任に関する事項」、「評議員の選任及び解任の方法」、「公告方法」、「事業年度」です。

　これらの規定については、もし盛り込まないと、公証役場で定款の認証が却下されてしまいますのでご注意ください。

　また、絶対的記載事項だけでは、法人運営に支障をきたすことになるので、定款に記載することによって効力を有する「相対的記載事項」や「任意的記載事項」も必要に応じて記載することになるでしょう。この「相対的記載事項」や「任意的記載事項」は、必ず定款に記載しなくてはいけないものではありませんが、記載することによって効力が生じることになりますので、後でトラブルにならないよう、法人運営を円滑にするために、いろいろと盛り込むことになるでしょう。

　このように、必要最小限の内容が規定された定款にするの

か、何でも盛り込んでおく定款にするのかは法人の自由です
が、定款変更は、法人にとって最重要議題ですので、**一般社
団法人**であれば社員総会で、**一般財団法人**であれば評議員会
で議決することになります。それぞれ年1回程度しか開催さ
れないのですから、定款変更も臨時会議を開かない限り、年
1回しか変更できるチャンスはないと考えてよいでしょう。

　そう考えると、定款はできるだけいろいろな規定を盛り込
まずスリムにしておいて、定款細則やその他の規則規程に細
かいことを書いておいたほうがよいでしょう。

　後述のモデル定款では、そのことも踏まえて、なるべく簡
素化した定款を例示していますので、法人の内容に合わせて、
追加したり削除したりしてください。

●『一般社団法人』定款記載の注意事項

社団法人の絶対的記載事項	「目的」、「名称」、「主たる事務所の所在地」、「設立時社員の氏名又は名称及び住所」、「社員の資格の得喪に関する規定」、「公告方法」、「事業年度」
定款の定めがなければ効力を生じない事項	○理事会・監事・会計監査人等の機関設置の定め ○監事設置法人における理事等の損害賠償責任を理事等が一部免除する定め ○基金を引き受けるものの募集に関する定め
定款に規定しても無効な事項	○社員に剰余金又は残余財産の分配を受ける権利を与える定め

● 『一般財団法人』定款記載の注意事項

財団法人の絶対的記載事項	「目的」、「名称」、「主たる事務所の所在地」、「設立者の氏名又は名称及び住所」、「設立に際して設立者が拠出をする財産及びその価額」、「設立時評議員、設立時理事及び設立時監事の選任に関する事項」、「会計監査人設置の場合、設立時会計監査人の選任に関する事項」、「評議員の選任及び解任の方法」、「公告方法」、「事業年度」
定款の定めがなければ効力を生じない事項	○会計監査人設置の定め ○監事設置法人における理事等の損害賠償責任を理事等が一部免除する定め ○評議員に報酬を支払う定め
定款に規定しても無効な事項	○理事又は理事会が評議員を選任・解任する定め ○設立者に剰余金又は残余財産の分配を受ける権利を与える定め

5 一般社団法人の設立に必要な書類

　一般社団法人の設立申請には、次ページに挙げた申請書類を作成する必要があります。

　そのうち、公証役場に提出する書類は、①から③まで、法務局に提出する書類は、公証役場で認証を受けた③及び④以降です。

　書類の大きさは、印鑑証明書を除いてすべて日本産業規格A4判ですが、印鑑証明書もA4判以外の場合はA4判の用紙に貼り付けて提出することをお勧めします。

　申請書は、どこで手に入れたらよいですか、とよく聞かれますが、印鑑届書以外は、特に決まったフォーマットなどありませんので、自分のパソコン等で作成して、コピー用紙に印刷して提出しましょう。

●一般社団法人の設立に必要な書類

① 定款認証の際の委任状 （1通）	② 設立時社員及び代理人の印鑑証明書 （全員分）	③ 定款 （3通）	④ 設立登記申請書 （1通）
⑤ 設立時代表理事、設立時理事、設立時監事の就任承諾書 （全員分）	⑥ 設立時理事及び設立時監事の本人確認証明書 （全員分）	⑦ 設立時代表理事の印鑑証明書 （1通）	⑧ 設立時代表理事選定書 （1通）
⑨ 決議書(1) ［主たる事務所所在地未決定の場合］ （1通）	⑩ 決議書(2) ［設立時理事及び設立時監事未決定の場合］ （1通）	⑪ 別紙 （数枚）	⑫ 印鑑届書 （1通）
⑬ その他 （必要数）			

なお、**一般社団法人**は、理事会を置く場合と理事会を置かない場合で、一部、書類の内容が違います。

　よって、

理事会を置く一般社団法人の書類→〔**理事会設置型**〕

理事会を置かない一般社団法人の書類→〔**理事会非設置型**〕

と書類名の後ろに明記して、140ページより書き方を解説しています。

●一般社団法人の設立に必要な書類の概要

No.	書類名	必要数	概　　要	書き方の掲載ページ
①	定款認証の際の委任状	1通	設立時社員全員で公証役場に出頭することは難しいため、そのうちの1人か、他の誰か1人を代理人とすることが一般的で、その際、この委任状が必要となります。	140
②	設立時社員及び代理人の印鑑証明書	全員分	設立時社員の押印を証明するために印鑑証明書が必要です。法人の場合は、登記事項証明書も必要です。なお、代理人が設立時社員以外なら代理人の印鑑証明書と印鑑が必要になります。	142
③	定款	3通	3通作成し、設立時社員全員の実印を押印します。3通は、法人保存用、法務局提出用、謄本となります。	理事会設置型 144〜163 理事会非設置型 164〜167
④	設立登記申請書	1通	代理人を立てる場合は、代理人の住所氏名を記載し、委任状も作成します。通常は、法人の実印があれば、代理人なしで申請します。	理事会設置型 168 理事会非設置型 172
⑤	設立時代表理事、設立時理事、設立時監事の就任承諾書	全員分	設立時の代表理事、理事、監事全員の就任承諾書が必要です。代表理事は、理事でもあるため、代表理事と理事の2通必要です。 理事会を置かない法人は理事のみ。	174
⑥	設立時理事及び設立時監事の本人確認証明書	全員分	設立時の理事、監事全員の住民票の写し又は免許証の裏表コピー等の本人確認書類が必要です。	176
⑦	設立時代表理事の印鑑証明書	1通	代表理事は他の理事や監事と違って就任承諾書や印鑑届書に実印を押印するため、これが必要です。 理事会を置かない法人は、全員の印鑑証明書が必要です。	178

No.	書類名	必要数	概　　要	書き方の掲載ページ
⑧	設立時代表理事選定書	1通	代表理事の選任を証する書面として、必要です。定款に記載があっても必要です。	180
⑨	決議書（1）	1通	定款に主たる事務所の具体的地番を記載しなかった場合、設立時社員全員で、事務所所在地を証する書面として、決議書を作成します。定款に記載があれば不要です。	182
⑩	決議書（2）	1通	定款に理事や監事を記載しなかった場合、理事、監事の選任を証する書面が必要となり、決議書等を作成します。定款に記載があれば不要です。	184
⑪	別紙	数枚	登記事項を記載します。この別紙に記載されたものが、すべて登記されることになります。	理事会設置型 186 / 理事会非設置型 188
⑫	印鑑届書	1通	法務局に所定の用紙があり、法人の実印になる法人代表印を押印して届け出ます。	190
⑬	その他	必要数	代理人が申請する場合は委任状が必要です。会計監査人を置く場合は、就任承諾書等が必要となり、監査法人の場合は、登記事項証明書が必要です。	192

（注）就任承諾書や決議書等は、原本還付請求をして写しを一緒に提出すれば、確認後原本が返却されます。

① 定款認証の際の委任状

（設立時社員全員が公証役場に行けない場合）

委 任 状

（住所）　東京都港区新橋6丁目7番9号

（氏名）　福島　達也

　上記の者を代理人と定め、次の権限を委任します。

1　一般社団法人日本あいうえお協会の定款につき、公証人の認証を受ける嘱託手続一切の件を、社員一同、記名押印し自認いたします。

　　令和3年3月22日

　　一般社団法人日本あいうえお協会

　　東京都新宿区南1丁目2番3－456号
　　設立時社員　　小池　伸彦　　　　㊞

　　東京都中野区東4丁目2番3号ソルジュエル1982
　　設立時社員　　石井　美枝　　　　㊞

　　神奈川県厚木市北1丁目2番20号
　　設立時社員　　株式会社SANSUN
　　　　　　　　　代表取締役　金山　辰夫　　㊞

・実際に公証役場に行く人の住所と氏名を記載。印鑑証明書どおりに正しく記載すること。

・委任する年月日を記載。公証役場に行く日より前の日付でなければならない。（当日もOK）

・設立時社員全員の住所と氏名を記載。印鑑証明書どおりに正しく記載すること。

・印鑑は、印鑑証明書と同じ実印であること。

・設立時社員が法人の場合でも、印鑑証明書どおりに代表者の肩書きと代表者名を記載し、法人代表印を押印する。

・委任状の様式は公証役場により異なることがあるので事前に確認しておく。

② 設立時社員及び代理人の印鑑証明書

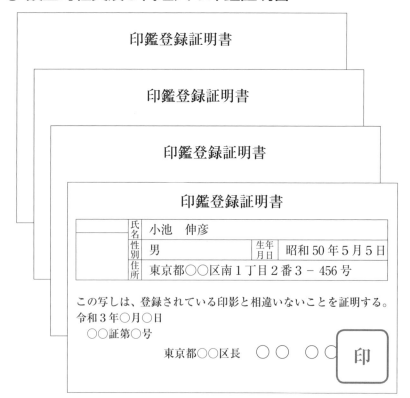

印鑑登録証明書

印鑑登録証明書

印鑑登録証明書

印鑑登録証明書

	氏名	小池　伸彦		
	性別	男	生年月日	昭和 50 年 5 月 5 日
	住所	東京都○○区南 1 丁目 2 番 3 - 456 号		

この写しは、登録されている印影と相違いないことを証明する。

令和 3 年○月○日

　○○証第○号

　　　　　　東京都○○区長　　○　○　　○　○　　印

・設立時社員が定款に押印した印鑑が正しい実印であることと、委任状に押印した印鑑が正しい実印であることを証明するために、市区町村で発行する設立時社員全員の印鑑証明書が必要。

左ページでは設立時社員が4人の例として、4人分掲載。

・印鑑証明書は、公証役場に出頭する日の前3ヵ月以内に発行されたもの。

・設立時社員が法人の場合は、法人の事業目的にこの法人の社員となるような内容が含まれているか確認するため、法人の登記事項証明書を添付すること。

・代理人が設立時社員以外の者なら代理人の印鑑証明書と印鑑も必要。公証役場によっては、運転免許証を見せることで足りる場合があるので、事前に確認しておくこと。

・この印鑑登録証明書は一例。地域によっては、性別欄を廃止しているなど、様式が異なる場合がある。

③ 定款（1）〔理事会設置型〕

一般社団法人日本あいうえお協会　定款

第1章　総　則

（名称）

第1条　この法人は、一般社団法人日本あいうえお協会と称する。

（主たる事務所）

第2条　この法人は、主たる事務所を東京都港区に置く。

第2章　目的及び事業

（目的）

第3条　この法人は、日本語特に言葉に関する調査研究と資格認定等を行い、日本人が言葉を大切にする気持ちを育むとともに、国民の国語力の増進に貢献することを目的とする。

（事業）

第4条　この法人は、前条の目的を達成するため、次の事業を行う。

（1）日本語特に言葉に関する調査研究事業

（2）日本語特に言葉に関する資格認定事業

（3）日本語特に言葉に関する機関誌及び図書等の発行

（4）前各号に附帯する一切の業務

第3章　社員及び会員

（法人の構成員）

第5条　この法人に次の会員を置き、正会員をもって一般社団法人及び一般財団法人に関する法律（以下「一般法人法」という。）上の社員とする。

（1）正会員　　この法人の目的に賛同して入会した個人及び団体

（2）賛助会員　この法人の事業を賛助するために入会した個人及び団体

第1条 ・「一般社団法人」は前でも後でも構わないが、必ず　名称
つける必要がある。
・法人名は、アルファベットでもよいし、英文名や
英文略称を入れてもよい。

第2条 ・住所を、最小行政区までではなく、具体的な地番　事務所
（七本木6丁目5番4号）まで入れることにより、
決議書が不要になる。
・従たる事務所を定める場合は、2条の2項に記載
し、主たる事務所登記の後に、登記する必要がある。

第3条 ・目的は、基本的に「〜に対して、〜を行い、〜に　目的
寄与する」というようなかたちとする。

第4条 ・事業名はなるべく具体的にしないと、公証役場で　事業
認められない。
・事業名はいくつあってもよいが、経理で区分する
ときに苦労するので、なるべく少ないほうがよい。

第5条 ・全員を社員（社員総会で議決権を与える会員）と　法人の
せず、一部の会員種別を社員とするのは、左記の　構成員
方法がよいが、さらに、同じ会員種別でも、一部
の者のみを社員とする方法もある。

（入会）

第6条　会員として入会しようとするものは、理事会において別に定め
　　　　るところにより、入会の申込みを行うものとする。

　　2　入会は、理事会において別に定める基準により、理事会において
　　　その可否を決定し、これをそのものに通知する。

（会費等）

第7条　会員は、この法人の事業活動に経常的に生じる費用に充てるた
　　　　め、入会金及び会費として、社員総会において別に定める額を
　　　　支払う義務を負う。

（任意退会）

第8条　会員は、理事会において別に定める退会届を提出することによ
　　　　り、任意にいつでも退会することができる。

（除名）

第9条　会員が次のいずれかに該当するに至ったときは、社員総会の決
　　　　議によって当該会員を除名することができる。

　　（1）この定款その他の規則に違反したとき。

　　（2）法人の名誉を傷つけ又は目的に反する行為をしたとき。

　　（3）その他除名すべき正当な事由があるとき。

（会員資格の喪失）

第10条　前2条の場合のほか、会員は、次のいずれかに該当するに至っ
　　　　たときは、その資格を喪失する。

　　（1）第7条の支払いの義務を1年以上履行しなかったとき。

　　（2）総社員が同意したとき。

　　（3）当該会員が死亡又は解散若しくは破産したとき。

第6条 ・会員の資格制限等をする場合は、ここに詳しく記　入会
　　　　載すること。

第7条 ・入会金や会費の額を定める場合は、ここに記載す　会費等
　　　　るのではなく、いちばん最後の附則に記載するこ
　　　　と。

第8条 ・入会は制限してもよいが、退会を自由にできない　任意退会
　　　　ような定款は認められない。

第9条 ・除名についても、妥当な理由以外は認められない。　除名
　　　　・除名を決議するのは社員総会である。

第10条 ・会費滞納による退会処分については、不履行の期　会員資格
　　　　間の条件は1年でも3年でも何年でもよい。　　　の喪失

第4章　社員総会

（構成）

第11条　社員総会は、正会員をもって構成する。

（開催）

第12条　社員総会は、定時社員総会として毎事業年度終了後3ヵ月以内に開催するほか、必要がある場合に開催する。なお、社員総会は、社員総数の過半数の出席がなければ開会することはできない。

（招集）

第13条　社員総会は、法令に別段の定めがある場合を除き、理事会の決議に基づき理事長が招集する。

2　総社員の議決権の10分の1以上の議決権を有する社員は、理事長に対し、社員総会の目的である事項及び招集の理由を示して、社員総会の招集を請求することができる。

3　理事長は、前項の規定による請求があったときは、4週間以内に社員総会を招集しなければならない。

4　社員総会を招集するときは、会議の日時、場所、目的及び審議事項を記載した書面をもって開会日の2週間前までに通知しなければならない。

（議長）

第14条　社員総会の議長は、理事長がこれに当たる。

（議決権）

第15条　社員総会における議決権は、1社員につき1個とする。

（決議）

第16条　社員総会の決議は、法令又はこの定款に別段の定めがある場合を除き、総社員の議決権の過半数を有する社員が出席し、出席した当該社員の議決権の過半数をもって行う。

第11条・社員総会については、5条（144ページ参照）で定　**構成**
めた構成員だけが対象となる。

第12条・社員総会は、事業年度終了後3ヵ月以内だが、税　**開催**
務申告は、事業年度終了後2ヵ月以内なので、総
会はできるだけ2ヵ月以内に開催することが望ま
しい。

第14条・議長については、理事長以外でも構わない。　　　**議長**

第15条・議決権は、基本的には1人1票とすることが望ま　**議決権**
しいが、会費等に応じて票数を増やすことも許さ
れている。

第16条・社員総会の定足数は過半数である。定款に記載す　**決議**
れば、委任状も書面表決も認められているので、
事前に半数程度の委任状等を集めておくと円滑に
社員総会を開催できる。

2　前項の規定にかかわらず、次の決議は、総社員の議決権の3分の2以上に当たる多数をもって行う。

　　(1) 会員の除名

　　(2) 監事の解任

　　(3) 定款の変更

　　(4) 解散

　　(5) その他法令で定められた事項

3　社員総会に出席することができない社員は、あらかじめ通知された事項について、書面又は電磁的方法をもって決議し、又は他の社員を代理人として議決権の行使を委任することができる。

（議事録）

第17条　社員総会の議事については、法令で定めるところにより、議事録を作成する。

2　前項の議事録には、議長及び社員総会において選任された議事録署名人2名が、記名押印又は署名する。

第5章　役　員

（役員の設置）

第18条　この法人に、次の役員を置く。

　　(1) 理事　3名以上9名以内

　　(2) 監事　1名以上3名以内

2　理事のうち1名を理事長とし、副理事長及び専務理事をそれぞれ1名置くことができる。

3　この法人の理事長を一般法人法上の代表理事とする。

4　理事長以外の理事のうち、副理事長及び専務理事を一般法人法上の業務執行理事とする。

・特別決議については、総社員の3分の2以上の議
　決権が必要だが、4分の3以上などのようにさら
　に厳しくすることはできる。

・書面表決や委任状を認めるためには、ここに記載
　する必要がある。

第17条・議事録署名人については、特に誰にするか決めら　　**議事録**
　れていないが、通常は、社員総会の冒頭に2人決
　めて、議長と一緒に署名するのが一般的である。

第18条・理事会設置の場合、理事は3人以上であれば、何　　**役員の**
　人でも構わない。　　　　　　　　　　　　　　　　　**設置**
　・理事会設置の場合、監事は1人以上であれば、何
　　人でも構わない。
　・一般法人法では、代表者の役職名は「代表理事」
　　であるが、定款で「理事長」「会長」などと定める
　　こともできる。その場合は、ここに記載し、さらに、
　　一般法人法上は代表理事であることも必ず記載し
　　ておくこと。
　・代表理事以外の役付理事等を業務執行理事として
　　定めることができる。

（役員の選任）

第19条 理事及び監事は、社員総会の決議によって選任する。

  2 理事長、副理事長及び専務理事は、理事会の決議によって、理事の中から選定する。

  3 監事はこの法人又はその子法人の理事又は使用人を兼ねることができない。

  4 理事のうち、理事のいずれか1名とその配偶者又は3親等内の親族（その他当該理事と政令で定める特別の関係がある者を含む。）である理事の合計数が理事総数の3分の1を超えてはならない。監事についても同様とする。

（理事の職務及び権限）

第20条 理事は、理事会を構成し、法令及びこの定款で定めるところにより、職務を執行する。

  2 理事長は、法令及びこの定款で定めるところにより、この法人を代表し、その業務を執行する。

  3 副理事長は、理事長を補佐してこの法人の業務を掌理する。

  4 専務理事は、理事長及び副理事長を補佐し、この法人の業務を執行する。

  5 理事長、副理事長及び専務理事は、毎事業年度に4ヵ月を超える間隔で2回以上、自己の職務の執行の状況を理事会に報告する。

（監事の職務及び権限）

第21条 監事は、理事の職務の執行を監査し、法令で定めるところにより、監査報告を作成する。

  2 監事は、いつでも、理事及び使用人に対して事業の報告を求め、この法人の業務及び財産の状況の調査をすることができる。

  3 監事は、前2項の規定による監査及び調査の結果、この法人の業務又は財産に関し、理事が不正の行為をし、若しくは当該行為をするおそれがあると認めるとき、又は法令若しくは定款に、違反する事実若しくは著しく不当な事実があると認めるときは、これを理事会に報告しなければならない。

第19条 ・役員の選任は、社員総会以外は許されていない。

　　　 ・役付理事については、理事会の中で互選で決める
　　　　 ことが一般的であるが、選挙等で決めることもで
　　　　 きる。

　　　 ・理事の親族制限等は、公益認定の条件だが、非営
　　　　 利型一般法人として税制上の優遇を受ける場合も、
　　　　 条件となるので、記載しておくことが望ましい。

役員の
選任

第20条 ・代表理事（理事長）や業務執行理事（副理事長や
　　　　 専務理事）は、この記載をしておかないと、理事
　　　　 会ごとに職務の執行状況を報告することになるの
　　　　 で、このように記載しておくことをお勧めする。
　　　　 なお、これを入れておけば、決算理事会（主に６月）
　　　　 と予算理事会（主に３月）の２回だけで報告すれ
　　　　 ばよいことになる。

理事の
職務及び
権限

（役員の任期）

第22条　理事の任期は、選任後2年以内に終了する事業年度のうち最終のものに関する定時社員総会の終結の時までとする。ただし、再任を妨げない。

　2　監事の任期は、選任後4年以内に終了する事業年度のうち最終のものに関する定時社員総会の終結の時までとする。ただし、再任を妨げない。

　3　補欠により選任された理事及び監事の任期は、前任者の任期の満了する時までとする。

　4　理事又は監事は、第18条に定める定数に足りなくなるときは、任期の満了又は辞任により退任した後も、新たに選任された者が就任するまで、なお理事又は監事としての権利義務を有する。

（役員の解任）

第23条　理事及び監事は、社員総会の決議によって解任することができる。

（報酬等）

第24条　役員の報酬等は、社員総会の決議をもって定める。

第6章　理事会

（構成）

第25条　この法人に理事会を置く。

　2　理事会は、すべての理事をもって構成する。

（権限）

第26条　理事会は、次の職務を行う。

　　(1) この法人の業務執行の決定

　　(2) 理事の職務の執行の監督

　　(3) 理事長、副理事長及び専務理事の選定又は解職

第22条・理事の任期は、最大で2年である。よって、任期 **役員の**
を1年などに短縮することができるが、変更がな **任期**
くても再任時に役員変更（重任）登記が必要とな
るので、2年が一般的である。

・監事の任期は、最短で2年、最大で4年である。
ただし、理事を同じ時期に就任・退任させるため、
任期を2年にする場合が多い。

・増員した役員の任期を、その他の役員と合わせる
ことはできないので、増員した役員だけ任期が飛
び出ることになる。

第23条・選任はもちろん、解任も社員総会で行うことにな **役員の**
る。 **解任**

第24条・役員報酬は、無報酬にすることもできる。その際は、 **報酬等**
ここに定めておくとよい。

第25条・常任理事制度等を設けて、理事会を一部の理事で **構成**
行うことはできない。設ける場合は、理事会への
付議機関という位置づけになる。

（開催）

第27条 理事会は、通常理事会と臨時理事会の2種とする。なお、理事会は、理事総数の過半数の出席がなければ開会することはできない。

2　通常理事会は、毎年2回開催する。

3　臨時理事会は、次に掲げる場合に開催する。

(1) 理事長が必要と認めたとき。

(2) 理事長以外の理事から、会議の目的である事項及び招集の理由を示して招集の請求があったとき。

（招集）

第28条 理事会は、理事長が招集する。

2　理事長が欠けたとき又は理事長に事故があるときは、各理事が理事会を招集する。

（議長）

第29条 理事会の議長は、理事長がこれに当たる。ただし理事長が欠けたときは、あらかじめ理事会で定めた順位により、他の理事がこれに代わるものとする。

（決議）

第30条 理事会の決議は、決議について特別の利害関係を有する理事を除く理事の過半数が出席し、その過半数をもって行う。

2　前項の規定にかかわらず、一般法人法第96条の要件を満たしたときは、理事会の決議があったものとみなす。

（議事録）

第31条 理事会の議事については、法令で定めるところにより、議事録を作成する。

2　出席した理事長及び監事は、前項の議事録に記名押印又は署名する。

第27条・理事会の定足数も、社員総会同様過半数だが、理 開催
事会は委任状による出席も書面表決も代理出席も
一切許されていない。よって、理事には出席でき
る人を原則選ばなければならない。

・通常理事会とは、予算を議決するときと、決算を
議決して総会に付議するときの2回である。

第29条・理事会の議長は、誰にしてもよい。 議長

第30条・一般法人法96条の規定（理事会の決議の省略）の 決議
方法は会議を開催しなくてもよい方法としてとて
も便利なので、必ずここに定めておくとよい。

（理事会の決議の省略）
第96条 理事会設置一般社団法人は、理事が理事会の決議の目的である事項
について提案をした場合において、当該提案につき理事（当該事項について
決議に加わることができるものに限る。）の全員が書面又は電磁的記録によ
り同意の意思表示をしたとき（監事が当該提案について異議を述べたときを
除く。）は、当該提案を可決する旨の理事会の決議があったものとみなす旨
を定款で定めることができる。

第31条・理事会の議事録署名は、会議に出席した全理事と 議事録
監事が基本である。全理事にしたくない場合は、
出席した理事長（代表理事）と出席した監事にす
ることができる。

第7章　資産及び会計

（事業年度）

第32条　この法人の事業年度は、毎年4月1日に始まり翌年3月31日に終わる。

（事業計画及び収支予算）

第33条　この法人の事業計画書、収支予算書については、毎事業年度の開始の日の前日までに、理事長が作成し、理事会の承認を受けなければならない。これを変更する場合も、同様とする。

2　前項の書類については、主たる事務所に、当該事業年度が終了するまでの間備え置き、一般の閲覧に供するものとする。

（事業報告及び決算）

第34条　この法人の事業報告及び決算については、毎事業年度終了後、理事長が次の書類を作成し、監事の監査を受け、かつ、理事会の議を経て、定時社員総会の承認を受けなければならない。

　（1）事業報告

　（2）貸借対照表

　（3）損益計算書（正味財産増減計算書）

2　前項の書類のほか、次の書類を主たる事務所に5年間備え置き、一般の閲覧に供するとともに、定款及び社員名簿を主たる事務所に備え置き、一般の閲覧に供するものとする。

　（1）監査報告

　（2）理事及び監事の名簿

（剰余金）

第35条　この法人は、剰余金の分配を行うことができない。

第32条・事業年度は、何月からでもよいが、必ず1年にな　**事業年度**
　　　　らなければならない。通常は4月1日から3月31
　　　　日だが、決算総会が集中し、理事等の出席率が落
　　　　ちることから、別の月にしてもよい。

第33条・事業計画書や収支予算書の承認を理事会だけでな　**事業計画**
　　　　く、社員総会にすることもできる。しかし、そう　**及び**
　　　　すると、社員総会を最低年に2回開催する必要が　**収支予算**
　　　　あるので、経費の関係から、社員総会を年1回に
　　　　するためには、事業計画と収支予算書の承認は、
　　　　理事会承認にする必要がある。

第34条・事業報告は、理事会だけの承認でもよいが、決算　**事業報告**
　　　　と関係あるので、計算書類の承認と同様、社員総　**及び決算**
　　　　会の決議にしておくべきである。

第35条・非営利型法人として、税制上の優遇を受けるため　**剰余金**
　　　　には、ここに、剰余金の分配の制限を入れておく
　　　　必要がある。

第8章　定款の変更及び解散

(定款の変更)

第36条　この定款は、社員総会の決議によって変更することができる。

(解散)

第37条　この法人は、社員総会の決議その他法令で定められた事由により解散する。

(残余財産の帰属)

第38条　この法人が清算をする場合において有する残余財産は、社員総会の決議を経て、公益社団法人及び公益財団法人の認定等に関する法律第5条第17号に掲げる法人又は国若しくは地方公共団体に贈与するものとする。

第9章　公告の方法

(公告の方法)

第39条　この法人の公告は、主たる事務所の公衆の見やすい場所に掲示する方法により行う。

第10章　補　則

(委任等)

第40条　この定款に定めるもののほか、この法人の運営に関する必要な事項は、理事会の議決により、理事長が別に定める。

2　この定款に定めのない事項は、すべて一般法人法その他の法令によるものとする。

第38条・非営利型法人として、税制上の優遇を受けるため　**残余財産**
　　　　　　には、解散時の残余財産については、基本的に認　**の帰属**
　　　　　　定法5条17号に掲げる法人等に贈与することにし
　　　　　　ておくことが求められている。
　　　　　・残余財産の帰属先を決めない場合、解散時の社員
　　　　　　総会で議決したところに帰属させることになる。

第39条・公告の方法は、官報、電子公告、日刊新聞等が定　**公告の**
　　　　　　められているが、事務所掲示が一番安価で簡便で　**方法**
　　　　　　ある。

第40条・定款だけですべて法人の規則を定めておくことは　**委任**
　　　　　　不可能なので、定款細則や規則規程類を、別に定
　　　　　　めておくことが望ましい。

附　則

1　この法人の最初の事業年度は、この法人成立の日から令和3年3
　月31日までとする。
2　この法人の設立時の役員は、次のとおりとする。
　設立時理事　　　小池伸彦　日端健夫　瀧川裕史
　設立時代表理事　小池伸彦
　設立時監事　　　岡崎敬子
3　この法人の設立時の社員は、次のとおりとする。
　設立時社員
　　1　東京都新宿区南1丁目2番3－456号
　　　小池　伸彦
　　2　東京都中野区東4丁目2番3号ソルジュエル1982
　　　石井　美枝
　　3　神奈川県厚木市北1丁目2番20号
　　　株式会社SANSUN　代表取締役　金山　辰夫

以上、一般社団法人日本あいうえお協会を設立するため、この定款を
作成し、設立時社員が次に記名押印する。

　令和3年3月22日

　設立時社員　　　　小　池　伸　彦　　　㊞
　　　同　　　　　　石　井　美　枝　　　㊞
　　　同　　　　　　株式会社SANSUN
　　　　　　　　　　代表取締役　金山　辰夫　㊞

附　則　・事業年度は1年を超えることはできないので、法人成立日から、最初の決算日までが1期となる。

・ここに役員名を掲げておくと、申請時の書類が減らせるので、できるだけ掲げておくべきである。
　　なお、役員の住所については、記入してもよいが、個人情報保護の観点から記入しないことをお勧めする。

・設立時の社員については、必ず住所も記載しておくこと。
　　なお、既存の団体の会員が何十人も何千人もいる場合、すべてを設立時の社員としてしまうと、全員の住所を記載するだけでなく、全員の署名（記名）押印（必ず実印）が必要となり、現実的に不可能なので、設立時の社員は、数人程度に絞っておくべきである。なお、最低は2人である。

・設立時社員の押印は、必ず印鑑証明書どおりの実印を押印することになる。

③ 定款（2）〔理事会非設置型〕（理事1人を想定）

一般社団法人青門会定款

第1章　総　則

（名称）

第1条　当法人は、一般社団法人青門会と称する。

（主たる事務所）

第2条　当法人は、主たる事務所を東京都国立市に置く。

（目的）

第3条　当法人は、青門大学を卒業した者に対する福利厚生及び親睦交流活動をすることを目的とし、その目的に資するため、次の事業を行う。

　　　(1)　青門大学卒業生に対する福利厚生事業

　　　(2)　青門大学卒業生のための親睦交流事業

　　　(3)　青門大学在校生に対する助成事業

　　　(4)　前各号に掲げる事業に附帯又は関連する事業

（公告）

第4条　当法人の公告は、当法人の主たる事務所の公衆の見やすい場所に掲示する方法による。

第2章　社　員

（入社）

第5条　当法人の目的に賛同し、入社した者を社員とする。

　2　社員となるには、当法人所定の様式による申込みをし、理事の承認を得るものとする。

（社員の資格喪失）

第6条　社員が次の各号の一に該当する場合には、その資格を喪失する。

　　　(1)　成年被後見人又は被保佐人になったとき

　　　(2)　3年以上会費を滞納したとき

　　　(3)　除名されたとき

・この定款は、理事会を設置しない法人用であるが、理事会を設置しない場合、基本的に理事は1人となることが多く、その者が運営のすべてを掌握することになるので、他者をあまり意識しない定款になることが多い。よって、このモデル定款も最小限の表記になっている。

第5条・会員全員に総会での議決権を与える場合、このように入会（入社）したものを自動的に社員とすることになる。　　　　　入社

　　　　　なお、入社を入会、退社を退会としてもよいが、社員を会員と表記することはできない。

（退社）

第7条　社員はいつでも退社することができる。

第3章　社員総会

（社員総会）

第8条　当法人の社員総会は、定時総会及び臨時総会とし、定時総会は、
　　　　毎年6月にこれを開催し、臨時総会は必要に応じて開催する。

第4章　役　　員

（員数）

第9条　当法人に理事1名を置く。

第5章　計　　算

（事業年度）

第10条　当法人の事業年度は、毎年4月1日から翌年3月31日までの
　　　　1年を1期とする。

第6章　附　　則

（最初の事業年度）

第11条　当法人の最初の事業年度は、当法人成立の日から令和3年3月
　　　　31日までとする。

（設立時の社員の氏名又は名称及び住所）

第12条　当法人の設立時の社員の氏名又は名称及び住所は次のとおりで
　　　　ある。

　　　東京都多摩市西8丁目2番地の26

　　　　中野　　章代

　　　愛媛県松山市道後町3丁目2番1号

　　　　峰尾　　誠一

　　以上、一般社団法人青門会を設立するためこの定款を作成し、設立時
社員が次に記名押印する。

　　令和3年4月1日

　　　　設立時社員　　中野　　章代　　　㊞

　　　　設立時社員　　峰尾　　誠一　　　㊞

第9条 ・理事会を設置しないのであれば、理事は原則2人　**員数**
　　　　 までとなる。

　　　 ・理事は1人でも、社員は最低2人必要である。

④ 設立登記申請書（1）〔理事会設置型〕

一般社団法人設立登記申請書

　　　フリガナ　　　　ニホンアイウエオキョウカイ
1. 名　　　　称　　一般社団法人日本あいうえお協会
1. 主たる事務所　　東京都港区七本木6丁目5番4号
1. 登記の事由　　　令和3年3月28日設立手続終了
1. 登記すべき事項　別紙のとおり
1. 登録免許税　　　金6万円
1. 添付書類
　　定款（…③）　　　　　　　　　　　　　　　　1通
　　設立時代表理事、設立時理事、設立時監事の
　　就任承諾書（…⑤）　　　　　　　　　　　　　○通
　　設立時理事及び設立時監事の本人確認証明書（…⑥）　○通
　　設立時代表理事の印鑑証明書（…⑦）　　　　　1通
　　設立時代表理事選定書（…⑧）　　　　　　　　1通
　　（主たる事務所所在場所の決定に関する決議書（…⑨）　1通）
　　（設立時理事及び監事の選任を証する決議書（…⑩）　1通）

上記のとおり登記の申請をする。
　　令和3年4月1日

　　　東京都港区七本木6丁目5番4号
　　　　申請人　　　一般社団法人日本あいうえお協会

　　　東京都新宿区南1丁目2番3－456号
　　　　代表理事　　小池　伸彦　　㊞

　　連絡先の電話番号　　TEL 03-9999-0123
　東京法務局　　　港出張所　　御中

- この書類の住所は、最小行政区にすることができないので、具体的な地番、ビル名や号数までも記載すること。
- 設立手続の終了日は、公証役場での定款認証日以降、登記申請日までの期間内とする。
- 定款は必ず公証役場で認証後のものをここに添付する。その際は、間違っても法人保存用の定款を提出しないこと。
- 代表理事は、代表理事としての就任承諾書と理事としての就任承諾書を別葉にすることをお勧めする。
- 本人確認証明書は住民票の写しか、運転免許証のコピー（裏表をコピーして本人が原本と相違ない旨を記載して署名又は記名押印したもの）など。
- 印鑑証明書の添付は、代表理事のみであるため、その他の者の書類は、実印でなくてもよいことになる。
- 定款に事務所の具体的地番が記載されていない場合や理事・監事が記載されていない場合は、決議書がそれぞれ必要となる。なお、すべて記載されている場合は、これらの書類が不要になるので、なるべく定款に記載しておくことをお勧めする。
- 会計監査人を置く場合は、設立時会計監査人の選任に関する書面、就任承諾書、監査法人の登記事項証明書が各1通必要になるが、監査人が個人の場合は、公認会計士であることを証する書面が必要となる。
- 申請書に押印する代表理事名の横の印鑑は、法人の代表印（実印）を押す。
- 連絡先の電話番号は、書類に不備があったときに問い合わせ用として必要である。

●収入印紙貼付台紙の例

収入印紙貼付台紙

割印をしないで貼ってください。
また、収入印紙の消印作業の都合上、
右側に寄せて貼り付けてください。

収入印紙

契
印

　登記申請書（収入印紙貼付台紙を含む。）が複数ページになる場合は各ページのつづり目に契印する必要があります。契印は，登記申請書に押した印鑑（設立時代表理事が法務局に提出した印鑑又は代理人の印鑑）と同一の印鑑を使用する必要があります。

　登記の申請書に押印すべき者は，あらかじめ（この申請と同時でも構いません。）登記所に印鑑を提出することとされていますので、法人を代表すべき者の印鑑について、「印鑑届書」を提出する必要があります。
　なお、印鑑届書の用紙はお近くの法務局で入手できます（無料）。また、法務局ホームページ「商業・法人登記の申請書様式」（http://houmukyoku. moj.go.jp/homu/COMMERCE_11-1.html）にも掲載していますので，御利用ください。

※法務局ホームページ（http://houmukyoku.moj.go.jp/homu/content/001331011.pdf）の例をもとに作成。

・設立登記登録免許税は、すべての法人とも6万円である。収入印紙を事前に購入し、別葉の「収入印紙貼付台紙」と記載した白紙の用紙にこれを貼付する。なお、収入印紙には消印（割印）をしないこと。収入印紙貼付台紙は設立登記申請書の後ろに重ね、ホチキス留め等をし、台紙のページと申請書のつづり目に契印をする。

●収入印紙貼付台紙への貼付と契印の方法

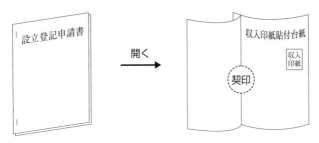

④ 設立登記申請書（2）〔理事会非設置型〕

一般社団法人設立登記申請書

　　　　フリガナ　　　　アオモンカイ
1．名　　　　　称　　　一般社団法人青門会
1．主 た る 事 務 所　　東京都国立市駅前1丁目2番地の3
1．登 記 の 事 由　　令和3年3月31日設立手続終了
1．登記すべき事項　　別紙のとおり
1．登 録 免 許 税　　金6万円
1．添　付　書　類
　　定款（…③）　　　　　　　　　　　　　　　　　　1通
　　設立時代表理事及び理事の就任承諾書（…⑤）　　　○通
　　印鑑証明書（理事全員）（…⑦）　　　　　　　　　○通
　　設立時代表理事選定書（…⑧）　　　　　　　　　　1通
　　（主たる事務所所在場所の決定に関する決議書（…⑨）　1通）
　　（設立時理事の選任を証する決議書（…⑩）　　　　1通）

上記のとおり登記の申請をする。
　　令和3年4月4日

　　　東京都国立市駅前1丁目2番地の3
　　　申請人　　　一般社団法人青門会

　　　東京都多摩市西8丁目2番地の26
　　　代表理事　　中野　章代　　　㊞

　　　連絡先の電話番号　　TEL 042-0000-9999
東京法務局　　府中支局　　御中

・代表者は、理事としての就任承諾書と代表理事としての就任承諾書の2通用意。

・理事が複数いる場合は、印鑑証明書は理事全員分必要である。

・定款に設立時の代表理事が記載されていない場合は選定書が、事務所の具体的地番が記載されていない場合と理事が記載されていない場合は決議書がそれぞれ必要となる。なお、すべて記載されている場合は、これらの書類が不要になるので、なるべく記載しておくことをお勧めする。

・申請を司法書士等の代理人に依頼する場合は、委任状が1通必要となり、代表理事の住所と氏名、押印の下に、下記のとおり代理人の住所と氏名、押印が必要である。

上記代理人住所　東京都渋谷区代々木2丁目19番12号

　　　　氏名　中谷　智明　　㊞

---

⑤ 設立時代表理事、設立時理事、設立時監事の就任承諾書

就　任　承　諾　書

　私は、令和2年3月22日、貴法人の設立時の理事として選任されましたので、その就任を承諾いたします。

令和3年3月22日

　　　　　東京都新宿区南1丁目2番3－456号
　　　　　小池　伸彦　　　㊞

一般社団法人日本あいうえお協会　　御中

※監事の就任承諾書

　私は、令和●年●月●日、貴法人の設立時の監事として選任されましたので、その就任を承諾いたします。

※代表理事の就任承諾書

　私は、令和●年●月●日、貴法人の設立時の代表理事として選任されましたので、その就任を承諾いたします。

・この書類の日付は、定款作成日から設立登記日までの間となり、2行下の承諾書の日付と必ず同じ日とする。

・この書類の住所は、印鑑証明書又は住民票どおりに記載すること。なお、押印する印鑑は、代表理事は印鑑証明書を提出するので個人の実印とし、他の理事や監事は印鑑証明書を提出しないので認印でもよい。

・理事会非設置の場合は、理事の印鑑はすべて個人の実印とする。

⑥ 設立時理事及び設立時監事の本人確認証明書

運転免許証等を使う場合の見本（表面と裏面を1枚に集約）

氏名	日端　健夫	平成元年1月1日生
住所	愛知県名古屋市千種区千種○-○-○	
公布	平成31年01月01日　12345	

令和6年1月1日まで有効

備考	

本書は原本と相違ありません

理事　日端　健夫　㊞

・住民票の写しがいちばん簡単でよいが、運転免許証など免
許証のコピーを使うこともできる。その場合、表面と裏面
を1枚の用紙にコピーして、余白に「本書は原本と相違あ
りません」と記載し、記名押印する。この時の印鑑は認印
でもよい。

運転免許証等を使う場合の見本（表面と裏面の２枚）

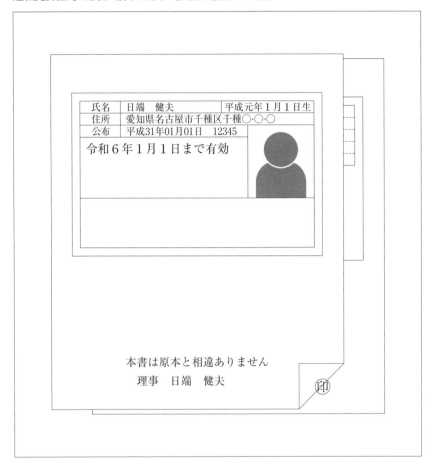

氏名	日端　健夫	平成元年１月１日生
住所	愛知県名古屋市千種区千種○-○-○	
公布	平成31年01月01日　12345	

令和６年１月１日まで有効

本書は原本と相違ありません

理事　日端　健夫

・表面と裏面で２枚になる場合はホチキスで留めて、１枚目
　を折り曲げ、折り曲げた所に印鑑を押して契印する。

⑦ 設立時代表理事の印鑑証明書

印鑑登録証明書

登録印	氏名	小池　伸彦		
	性別	男	生年月日	昭和 50 年 5 月 5 日
	住所	東京都○○区南 1 丁目 2 番 3 - 456 号		

この写しは、登録されている印影と相違いないことを証明する。

令和 3 年○月○日

　○○証第○号

　　　　　　東京都○○区長　○○　○○　　印

・印鑑証明書は、登記申請日の前3ヵ月以内に発行されたもの。もちろん、コピー等は認められない。

・ここに写っている印鑑と書類に押印した印鑑が違うと、登記は完了しないので、すべての書類に押印する代表理事の印鑑は、必ず実印を押印すること。

・理事会非設置の場合は、代表理事だけでなく、すべての理事の印鑑証明が必要である。

・この印鑑登録証明書は一例。地域によっては、性別欄を廃止しているなど、様式が異なる場合がある。

⑧ 設立時代表理事選定書

設立時代表理事選定書

　令和3年3月28日午前10時本法人創立事務所において設立時理事全員が出席し、その全員の一致の決議により、設立時代表理事を選定した。
　なお、被選定者は、即時その就任を承諾した。
　　設立時代表理事　　小池　伸彦

　上記決定事項を証するため設立時理事の全員（又は出席した設立時理事）は次に記名押印する。

　令和3年3月28日
　　　　一般社団法人日本あいうえお協会
　　　　　　　　出席設立時理事　　小池　伸彦　　㊞
　　　　　　　　出席設立時理事　　日端　健夫　　㊞
　　　　　　　　出席設立時理事　　瀧川　裕史　　㊞

・設立時の代表理事は、設立時理事の過半数によって選出することになっているので、定款に定めていても必ずこの書類が必要となる（一般法人法21条）。

・理事会設置・非設置に関係なくこの書類は必要となる。

・印鑑は認印でもよい。

（注）選定書が複数ページになる場合には、各ページのつづり目に契印する。契印は、署名者のうち1人の印鑑で構わない。

⑨ 決議書（1）（定款で主たる事務所の具体的地番を定めなかった場合）

決　議　書

　令和3年3月26日午前9時15分、一般社団法人日本あいうえお協会創立事務所において社員全員出席し、（又は議決権の過半数を有する社員が出席し）その全員の一致の決議により次のとおり主たる事務所の所在場所を決定した。

　主たる事務所　東京都港区七本木6丁目5番4号

　上記決定事項を証するため、社員の全員（又は出席した社員）は、次のとおり記名押印する。

　令和3年3月26日

　　一般社団法人日本あいうえお協会

　　　　設立時社員　　小池　伸彦　　　　㊞

　　　　設立時社員　　石井　美枝　　　　㊞

　　　　設立時社員　　株式会社SANSUN
　　　　　　　　　　　代表取締役　金山　辰夫　　㊞

・この書類は、主たる事務所の所在地として具体的な地番ま
　で事前に決めて、定款に記載しておけば不要となるので、
　できるだけ定款認証までに定めて定款に記載し、定款認証
　を受けることをお勧めする。

・設立時社員の印鑑は、設立時社員が個人の場合は、個人の
　実印とする。

・設立時社員が法人の場合は、代表者の肩書きや氏名等を記
　載し、印鑑は、法人の代表印（実印）とする。

（注）決議書が複数ページになる場合には、各ページのつづ
　　　り目に契印する。契印は、署名者のうち1人の印鑑で構
　　　わない。

⑩ 決議書（2）（定款で設立時の理事及び監事を記載しなかった場合）

決　議　書

令和 3 年 3 月 28 日

　令和 3 年 3 月 26 日午前 9 時 15 分、一般社団法人日本あいうえお協会創立事務所において社員全員出席し、（又は議決権の過半数を有する社員が出席し）その全員の一致の決議により次のとおり設立時理事及び設立時監事を決定した。

　　　設立時理事

　　　　　　小池　伸彦　　　日端　健夫　　　瀧川　裕史

　　　設立時監事

　　　　　　岡崎　敬子

　上記決定事項を証するため、社員の全員（又は出席した社員）は、次のとおり記名押印する。

　　　　一般社団法人日本あいうえお協会

　　　　　設立時社員　　　小池　伸彦　　　　㊞

　　　　　設立時社員　　　石井　美枝　　　　㊞

　　　　　設立時社員　　　株式会社SANSUN
　　　　　　　　　　　　　代表取締役　金山　辰夫　　　㊞

・この書類は、理事及び監事を事前に決めて、定款に定めておけば不要となるので、できるだけ定款認証までに理事及び監事を定めて定款に記載し、定款認証を受けることをお勧めする。

・設立時の理事や監事だけでなく、主たる事務所の具体的地番も定款に定めていない場合は、決議書を2枚つくらず、1枚の決議書にまとめて記載することができる。

・理事会を置かない場合は、設立時監事は不要となる。

・設立時社員の印鑑は、設立時社員が個人の場合は、個人の実印とする。

・設立時社員が法人の場合は、代表者の肩書きや氏名などを記載し、印鑑は、法人の代表印（実印）とする。

（注）決議書が複数ページになる場合には、各ページのつづり目に契印する。契印は、署名者のうち1人の印鑑で構わない。

⑪ 別紙 （1）〔理事会設置型〕… 一般のコピー用紙等にパソコンで打ち込んでください。

別紙

「名称」一般社団法人あいうえお協会

「主たる事務所」東京都港区七本木6丁目5番4号

「法人の公告方法」この法人の公告は、主たる事務所の公衆の見やすい場所に掲示する方法により行う。

「目的等」

目的

　この法人は、日本語特に言葉に関する調査研究と資格認定等を行い、日本人が言葉を大切にする気持ちを育むとともに、国民の国語力の増進に貢献することを目的として次の事業を行う。

（1）日本語特に言葉に関する調査研究事業

（2）日本語特に言葉に関する資格認定事業

（3）日本語特に言葉に関する機関誌及び図書等の発行

（4）その他この法人の目的を達成するために必要な事業

「役員に関する事項」

「資格」代表理事

「住所」東京都新宿区南1丁目2番3 - 456号

「氏名」小池伸彦

「役員に関する事項」

「資格」理事

「氏名」日端健夫

「役員に関する事項」

「資格」理事

「氏名」瀧川裕史

「役員に関する事項」

「資格」理事

「氏名」小池伸彦

「役員に関する事項」

「資格」監事

「氏名」岡崎敬子

「理事会設置法人に関する事項」理事会設置法人

「監事設置法人に関する事項」監事設置法人

「登記記録に関する事項」設立

	訂正印	申請人印

・申請書に記載する事項のうち、登記すべき事項について、申請書の記載に代えてCD-ROM等の磁気ディスクを提出することができる（商業登記法17条4項）。この制度は、磁気ディスク自体が申請書の一部となるので、磁気ディスクの内容を別途印刷して添付する必要はない。

　しかし、パソコンでつくるのであれば、紙に印刷して提出するほうが簡単なので、本書では、紙で提出する場合を想定している。

・この別紙は、特に決まった用紙はない。自分のパソコンでつくってコピー用紙に印刷して提出する。

・この別紙に記載する内容は、すべて定款に記載しているとおりにする必要がある。一言一句間違えないように、パソコンで定款を作成している場合は、コピー（複写）アンド・ペースト（貼り付け）を活用して、記載することをお勧めする。

・住所を記載するのは、代表理事のみ。

・用紙の右下には、法人の代表印（実印）を押印しておく。なお、修正がある場合のことも考慮し、訂正印欄にも押印しておくことをお勧めする。

一般社団法人の申請書の書き方

⑪ 別紙（2）〔理事会非設置型〕… 一般のコピー用紙等にパソコンで打ち込んでください。

別紙

「名称」一般社団法人青門会
「主たる事務所」東京都国立市駅前1丁目2番地の3
「法人の公告方法」この法人の公告は、主たる事務所の公衆の見やすい場所に
掲示する方法により行う。
「目的等」
目的
　　当法人は、青門大学を卒業した者に対する福利厚生及び親睦交流活動をする
ことを目的とし、その目的に資するため、次の事業を行う。
（1）青門大学卒業生に対する福利厚生事業
（2）青門大学卒業生のための親睦交流事業
（3）青門大学在校生に対する助成事業
（4）前各号に掲げる事業に附帯又は関連する事業
「役員に関する事項」
「資格」代表理事
「住所」東京都多摩市西8丁目2番地の26
「氏名」中野章代
「役員に関する事項」
「資格」理事
「氏名」峰尾誠一
「役員に関する事項」
「資格」理事
「氏名」中野章代
「登記記録に関する事項」設立

<table>
<tr><td></td><td>訂正印
実法
印人</td><td>申請人印
実法
印人</td></tr>
</table>

・申請書に記載する事項のうち、登記すべき事項について、申請書の記載に代えてCD-ROM等の磁気ディスクを提出することができる（商業登記法17条4項）。この制度は、磁気ディスク自体が申請書の一部となるので、磁気ディスクの内容を別途印刷して添付する必要はない。

　しかし、パソコンでつくるのであれば、紙に印刷して提出するほうが簡単なので、本書では、紙で提出する場合を想定している。

・この別紙は、特に決まった用紙はない。自分のパソコンでつくってコピー用紙に印刷して提出する。

・この別紙に記載する内容は、すべて定款に記載しているとおりにする必要がある。一言一句間違えないように、パソコンで定款を作成している場合は、コピー（複写）アンド・ペースト（貼り付け）を活用して、記載することをお勧めする。

・住所を記載するのは、代表理事のみ。

・用紙の右下には、法人の代表印（実印）を押印しておく。なお、修正がある場合のことも考慮し、訂正印欄にも押印しておくことをお勧めする。

一般社団法人の申請書の書き方

⑫ 印鑑届書 (法務局に備付けの用紙を使うと便利です)

印 鑑 （改 印） 届 書

※ 太枠の中に書いてください。

（地方）法務局　　　支局・出張所　　　令和○年○月○日　申請

(注1) (届出印は鮮明に押印してください。)	商号・名称	一般社団法人おいうえお協会
	本店・主たる事務所	東京都港区七本木6丁目5番4号
実法 **印人** (印鑑提出者)	資格	代表取締役・取締役・代表理事　理事・（　　　　　）
	氏名	小池　伸彦
	生年月日	大・昭・平・西暦 50 年 5 月 5 日生

（注2）
- □ 印鑑カードは引き継がない。
- □ 印鑑カードを引き継ぐ。
印鑑カード番号 _____

	会社法人等番号	

前任者 _____

届出人（注3）　■ 印鑑提出者本人　□ 代理人

住 所	東京都新宿区南1丁目2番3-456号	(注3)の印 ㊞
フリガナ	コイケ ノブヒコ	
氏 名	小池　伸彦	

委 任 状

私は, (住所)

（氏名）

を代理人と定め, 印鑑(改印) の届出の権限を委任します。

令和　年　月　日

住　所

氏　名　　　　　　　　　　　　　　印　　(注3)の印 [市区町村に登録した印鑑]

□　**市区町村長作成の印鑑証明書**は, 登記申請書に添付のものを援用する。（注4）

- （注1）　印鑑の大きさは, 辺の長さが1cmを超え, 3cm以内の正方形の中に収まるものでなければなりません。
- （注2）　印鑑カードを前任者から引き継ぐことができます。該当する□にレ印をつけ, カードを引き継いだ場合には, その印鑑カードの番号・前任者の氏名を記載してください。
- （注3）　本人が届け出るときは, 本人の住所・氏名を記載し, **市区町村に登録済みの印鑑**を押印してください。代理人が届け出るときは, 代理人の住所・氏名を記載, 押印（認印で可）し, 委任状に所要事項を記載し, 本人が**市区町村に登録済みの印鑑**を押印してください。
- （注4）　この届書には作成後3か月以内の**本人の印鑑証明書**を添付してください。登記申請書に添付した印鑑証明書を援用する場合は, □にレ印をつけてください。

印鑑処理年月日					
印鑑処理番号	受付	調査	入力	校合	

・印鑑届書は、法務局に行けば誰でも無料でもらうことができるが、字数やピッチなどが同じであれば、自分のパソコンでつくってコピー用紙に印刷して提出してもよい。

・注1に押印する印鑑は、届出しようとしている法人の代表印（実印）。

・注3に押印する印鑑は、代表理事の個人の実印。

委　任　状

（住所）　東京都渋谷区代々木2丁目19番12号

（氏名）　司法書士　中谷　智明

　上記の者を代理人と定め、次の権限を委任します。

1　一般社団法人日本あいうえお協会の設立登記申請に関する一切の件

　　令和3年3月22日

　　東京都港区七本木6丁目5番4号
　　申請人　一般社団法人日本あいうえお協会

　　東京都新宿区南1丁目2番3－456号
　　代表理事　　小池　伸彦　　　　㊞

・実際に法務局に行く司法書士等の代理人の住所と氏名を記載。

・原本還付を請求する場合は、下記の一文を入れる。

2　原本還付請求及び受領の件

・委任する年月日を記載。法務局に行く日より前の日付でなければならない。（当日もOK）

・法人の主たる事務所の住所と法人名。

・代表者の住所氏名を印鑑証明書どおりに正しく記載すること。

・印鑑は、法人の代表印を押印すること。

6 一般財団法人の設立に必要な書類

　一般財団法人の設立申請には、右のページの申請書類を作成する必要があります。

　そのうち、公証役場に提出する書類は、①から③まで、法務局に提出する書類は、公証役場で認証を受けた③及び④以降です。

　書類の大きさは、印鑑証明書を除いてすべて日本工業規格A4判ですが、印鑑証明書もA4判以外の場合はA4判の用紙に貼り付けて提出することをお勧めします。

　申請書は、どこで手に入れたらよいですかとよく聞かれますが、印鑑届書以外は、特に決まったフォーマットなどは一切ありませんので、自分のパソコン等で作成して、コピー用紙に印刷して提出しましょう。

　なお、**一般財団法人**の設立は、公証役場で定款を認証した後、設立者が合計300万円以上の拠出金を振り込み、それを確認してから法務局で設立登記申請を行うことになります。よって、300万円以上の拠出金がないと設立できませんので、事前にお金を準備しましょう。

　なお、そのお金は法務局に提出するわけではありません。提出するのは、設立登記申請書に添付する6万円分の収入印紙だけで、拠出金は、いったん設立者の口座に振り込んだものを、法人成立後に法人の銀行口座に振り込み、その後は、法人が自由に使うことができます。

　ただし、財産が2期連続して300万円を下回ると解散ということになりますので、使いすぎに注意しましょう。

●一般財団法人の設立に必要な書類

①	②	③	④
定款認証の際の委任状	設立者及び代理人の印鑑証明書	定款	設立登記申請書
（1通）	（全員分）	（3通）	（1通）

⑤	⑥	⑦	⑧
設立時代表理事、設立時役員等の就任承諾書	設立時理事及び設立時監事、設立時評議員の本人確認証明書	設立時代表理事の印鑑証明書	設立時代表理事選定書
（全員分）	（全員分）	（1通）	（1通）

⑨	⑩	⑪	⑫
財産拠出の履行証明書	決議書	別紙	印鑑届書
（1通）	（1通）	（数枚）	（1通）

⑬
その他
（必要数）

●一般財団法人の設立に必要な書類の概要

No.	書類名	必要数	概　　要	書き方の掲載ページ
①	定款認証の際の委任状	1通	設立者全員で公証役場に出頭することは難しいため、そのうちの1人か、他の誰か1人を代理人とすることが一般的で、その際、この委任状が必要となります。	198
②	設立者及び代理人の印鑑証明書	全員分	設立者の押印を証明するために印鑑証明書が必要です。法人の場合は、登記事項証明書も必要です。なお、代理人が設立者以外なら代理人の印鑑証明書と印鑑が必要になります。	200
③	定款	3通	3通作成し、設立者全員の実印を押印します。3通は、法人保存用、法務局提出用、謄本となります。	202〜221
④	設立登記申請書	1通	代理人を立てる場合は、代理人の住所氏名を記載し、委任状も作成します。通常は、法人の実印があれば、代理人なしで申請します。	222
⑤	設立時代表理事、設立時役員等の就任承諾書	全員分	設立時の代表理事、理事、監事、評議員全員の就任承諾書が必要です。なお、代表理事は、理事でもあるため、代表理事と理事の2通必要です。	226
⑥	設立時理事及び設立時監事、設立時評議員の本人確認証明書	全員分	設立時の理事、監事、評議員全員の住民票の写し又は免許証の裏表コピー等の本人確認書類が必要です。	228
⑦	設立時代表理事の印鑑証明書	1通	代表理事は他の理事、監事、評議員と違って就任承諾書や印鑑届書に実印を押印するため、これが必要です。	230

No.	書類名	必要数	概　　要	書き方の掲載ページ
⑧	設立時代表理事選定書	1通	代表理事の選任を証する書面として、この選定書が必要です。定款に記載があっても必要です。	232
⑨	財産拠出の履行証明書	1通	設立者が合計して300万円以上拠出したことを証明するため、この書面と金融機関発行の通帳又は取引明細書の写しを添付します。	234
⑩	決議書	1通	定款に評議員、理事、監事を記載しなかった場合、評議員、理事、監事の選任を証する書面として、また、主たる事務所の具体的地番を記載しなかった場合も、事務所所在地を証する書面として、この決議書が必要です。どちらも定款に記載があれば決議書は不要となります。	236
⑪	別紙	数枚	登記事項を記載します。この別紙に記載されたものがすべて登記されることになります。	238
⑫	印鑑届書	1通	法務局に所定の用紙があり、法人の実印になる法人代表印を押印して届け出ます。	240
⑬	その他	必要数	代理人が申請する場合は委任状が必要です。会計監査人を置く場合は、就任承諾書等が必要となり、監査法人の場合は、登記事項証明書が必要です。	242

（注）就任承諾書や理事選定書等は、原本還付請求をして写しを一緒に提出すれば、確認後原本が返却されます。

① 定款認証の際の委任状

委 任 状

（住所）　埼玉県行田市ものづくり三丁目３番３号
（氏名）　足立　雄太郎

　上記の者を代理人と定め、次の権限を委任します。

1　　一般財団法人東京支援財団の定款につき、公証人の認証を受ける嘱
　　託手続一切の件を、設立者一同、記名押印し自認いたします。

　　令和３年１月11日

　　一般財団法人東京支援財団

　　東京都文京区黒山１丁目２番３号
　　設立者　　保阪　善昭　　　　㊞

・実際に公証役場に行く人の住所と氏名を記載。印鑑証明書どおりに正しく記載すること。

・委任する年月日を記載。公証役場に行く日より前の日付でなければならない。（当日もOK）

・設立者全員の住所と氏名を記載。印鑑証明書どおりに正しく記載すること。

・印鑑は、印鑑証明書と同じ実印であること。

・設立者が法人の場合でも、印鑑証明書どおりに代表者の肩書きと代表者名を記載し、法人代表印を押印する。

・委任状の様式は、公証役場により異なることがあるので、事前に確認しておく。

一般財団法人の申請書の書き方

② 設立者及び代理人の印鑑証明書

印鑑登録証明書

登録印	氏名	保阪　善昭		
	性別	男	生年月日	昭和47年7月10日
	住所	東京都○○区黒山1丁目2番3号		

この写しは、登録されている印影と相違いないことを証明する。

令和3年○月○日

　○○証第○号

印鑑登録証明書

登録印	氏名	足立　雄太郎		
	性別	男	生年月日	昭和55年5月5日
	住所	埼玉県行田市ものづくり三丁目3番3号		

この写しは、登録されている印影と相違いないことを証明する。

令和3年○月○日

　○○証第○号

　　　　埼玉県行田市長　　○○　○○　印

・設立者が定款や委任状に押印した印鑑が正しい実印であることを証明するために、市区町村で発行する設立者全員の印鑑証明書が必要。

・印鑑証明書は、公証役場に出頭する日の前3ヵ月以内に発行されたもの。

・設立者が法人の場合は、法人の事業目的にこの法人の設立者となるような内容が含まれているかを確認するため、法人の登記事項証明書を添付すること。

・設立者が任意団体の場合は、代表理事の印鑑証明書と代表理事の印鑑でもって証明することになる。

・代理人が設立者以外の者なら代理人の印鑑証明書と印鑑も必要。公証役場によっては、運転免許証を見せることで足りる場合があるので、事前に確認しておくこと。

・この印鑑登録証明書は一例。地域によっては、性別欄を廃止しているなど、様式が異なる場合がある。

③ 定款

一般財団法人東京支援財団　定款

第1章　総　則

（名称）

第1条　この法人は、一般財団法人東京支援財団と称し、英文名を
Tokyo Support Foundation（英文略称「TSF」）とする。

（事務所）

第2条　この法人は、主たる事務所を東京都中央区渡良瀬橋三丁目2番
1号に置く。

第2章　目　的

（目的）

第3条　この法人は、福祉に関する様々な団体を支援するため、各種助
成事業や指導者育成に関する事業を行い、国民の福祉の増進に
寄与することを目的とし、その目的に資するため次の事業を行
う。

（1）福祉団体に対する各種助成事業

（2）福祉指導者育成事業

（3）その他この法人の目的を達成するために必要な事業

第3章　財産及び会計

（設立者の氏名、住所、財産の拠出、その価額及び基本財産）

第4条　設立者の氏名及び住所並びにこの法人の設立に際して設立者が
拠出する財産及びその価額は、次のとおりとする。

設立者　　保阪善昭

住　　所　　東京都文京区黒山1丁目2番3号

拠出財産及びその価額　　現金　300万円

第1条 ・「一般財団法人」は前でも後でも構わないが、必ず　　名称
　　　　　つける必要がある。
　　　　・法人名は、アルファベットでもよい。

第2条 ・住所を、最小行政区までではなく、このように具　　事務所
　　　　　体的な地番（渡良瀬橋三丁目2番1号）まで入れ
　　　　　ることにより、決議書が不要になる。
　　　　・従たる事務所を定めた場合は、2条の2項として
　　　　　記載し、主たる事務所登記の後に、登記する必要
　　　　　がある。

第3条 ・目的は、基本的に「〜に対して、〜を行い、〜に　　目的
　　　　　寄与する」というようなかたちとなる。
　　　　・事業名はなるべく具体的にしないと、公証役場で
　　　　　認められない。
　　　　・事業名はいくつあってもよいが、経理で区分する
　　　　　ときに苦労するので、なるべく少ない方がよい。

第4条 ・設立者は、個人・法人の他に任意団体がなること　　設立者の
　　　　　もできる。その場合は、住所は代表者の住所でも　　氏名、住
　　　　　団体の住所でも構わないが、代表者の印鑑証明で　　所、財産
　　　　　証明するため、代表者が本当に代表なのか、会則　　の拠出、
　　　　　や選任された議事録などの添付が必要である。　　　その価額
　　　　・設立者が1人の場合は拠出金は300万円以上、複　　及び基本
　　　　　数の場合はその拠出金の合計が300万円以上にな　　財産
　　　　　らなければならない。
　　　　・拠出財産は現金以外の不動産などでも構わない。

2　この法人の目的である事業を行うために不可欠な財産として、前項に定めた財産若しくは評議員会において決議した財産は、この法人の基本財産とする。

3　基本財産は、この法人の目的を達成するために善良な管理者の注意義務をもって管理しなければならず、基本財産の一部を処分しようとするとき及び基本財産から除外しようとするときは、あらかじめ評議員会において決議に加わることのできる評議員の3分の2以上に当たる多数の承認を受けなければならない。

（事業年度）

第5条　この法人の事業年度は、毎年1月1日に始まり同年12月31日に終わる。

（事業計画及び収支予算）

第6条　この法人の事業計画書及び収支予算書については、毎事業年度開始の日の前日までに、代表理事が作成し、理事会の承認を受けなければならない。これを変更する場合も、同様とする。

2　前項の書類については、主たる事務所に、当該事業年度が終了するまでの間備え置き、一般の閲覧に供するものとする。

（事業報告及び決算）

第7条　この法人の事業報告及び決算については、毎事業年度終了後、代表理事が作成し、監事の監査を受け、かつ、理事会の決議を経て、定時評議員会の承認を受けなければならない。

・基本財産は、法人の基本的な蓄えとして使用することができない。このように拠出財産を基本財産としておくことにより、常に300万円以上の財産を確保しておける。財産が300万円未満となると一般財団法人の解散の事由に該当してしまうので、拠出財産は基本財産としてキープしておくことをお勧めする。

第5条・事業年度は、何月からでもよいが、必ず1年にならなければならない。通常は4月1日から3月31日だが、決算総会が集中することから、別の月にしてもよい。

事業年度

第6条・事業計画書や収支予算書の承認を理事会だけでなく、評議員会にすることもできるが、そうすると、評議員会を最低年に2回開催する必要があるので、経費の関係から、評議員会を年1回にするためには、事業計画と収支予算書の承認は、理事会承認にする必要がある。

**事業計画
及び
収支予算**

第7条・事業報告は、理事会だけの承認でもよいが、決算と関係あるので、計算書類の承認と同様、評議員会の決議にしておくべきである。

**事業報告
及び決算**

第4章　評議員

（評議員）

第8条　この法人に評議員3名以上9名以内を置く。

（評議員の選任及び解任）

第9条　評議員の選任及び解任は、評議員会において行う。

（任期）

第10条　評議員の任期は、選任後4年以内に終了する事業年度のうち最
　　　　　終のものに関する定時評議員会の終結の時までとする。

　　2　任期の満了前に退任した評議員の補欠として選任された評議員の
　　　任期は、退任した評議員の任期の満了するときまでとする。

　　3　評議員は、第8条に定める定数に足りなくなるときは、任期の満
　　　了又は辞任により退任した後も、新たに選任された者が就任するま
　　　で、なお評議員としての権利義務を有する。

（評議員に対する報酬等）

第11条　評議員は、無報酬とする。ただし、その職務を執行するために
　　　　　必要とする費用を別途支払うことができる。

第8条・評議員は最低3人である。何人でもよいが、登記　**評議員**
　　　事項なので、多すぎると人が入れ替わる度に変更
　　　登記をしなくてはならない。なお、評議員の住所
　　　は登記されない。

第9条・評議員の選任は、一般法人法の定めにより、理事　**評議員の**
　　　会で行うことはできない。そのため、通常は評議　**選任及び**
　　　員会で行うことになるが、それ以外に、理事会と　**解任**
　　　は別のところに評議員選定委員会を設けて選定す
　　　る方法や、知事や市長等の一定の者が指名する方
　　　法もできる。公平性を考えると、選定委員会がよ
　　　いが、費用を考えると評議員会が無難であろう。

第10条・評議員の任期は、最低4年であり、最長は6年であ　**任期**
　　　る。覚えやすいからといって、理事等と同じく、2
　　　年に揃えることはできない。

第11条・評議員の報酬を定める場合は、定款に総額又は支　**評議員に**
　　　給額を定めるか、その支給基準を評議員会で定め　**対する**
　　　る必要があり、いずれにせよ、理事会で勝手に支　**報酬等**
　　　給基準を定めて、理事会で支給するかどうかを決
　　　めることはできない。

第5章　評議員会

（構成）

第12条　評議員会は、すべての評議員をもって構成する。

（権限）

第13条　評議員会は、一般社団法人及び一般財団法人に関する法律（以下「一般法人法」という。）に規定する事項並びにこの定款に定める事項に限り決議する。

（開催）

第14条　評議員会は、定時評議員会として毎事業年度終了後3ヵ月以内に開催し、臨時評議員会は、必要に応じて開催する。

（招集）

第15条　評議員会は、法令に別段の定めがある場合を除き、理事会の決議に基づき代表理事が招集する。

　　2　評議員は、代表理事に対し、評議員会の目的である事項及び招集の理由を示して、評議員会の招集を請求することができる。

（評議員会の議長）

第16条　評議員会の議長は、その評議員会において、出席した評議員の中から選定する。

（評議員会の定足数）

第17条　評議員会は、評議員の過半数の出席がなければ開催することができない。

第12条・評議員会については、通常は評議員長等は置かず、　**構成**
　　　　皆平等にすることが多い。

第13条・評議員会は、最高議決機関であるため、何から何　**権限**
　　　　まで議決できるとすると、逆に権力が強くなりす
　　　　ぎるので、議決できる事項をあらかじめ定めてお
　　　　くことになる。

第14条・この定款では評議員会の開催は、事業年度終了後　**開催**
　　　　3ヵ月以内としているが、税務申告は、事業年度
　　　　終了後2ヵ月以内なので、評議員会はできるだけ
　　　　2ヵ月以内に開催することが望ましい。

第15条・評議員会には、通常、評議員長等は常設しないので、　**招集**
　　　　招集は、代表理事が行うことになる。

第16条・評議員会の議長をあらかじめ定めておくこともで　**評議員会**
　　　　きる。　　　　　　　　　　　　　　　　　　　　**の議長**

第17条・評議員会の定足数も、理事会同様過半数であり、　**評議員の**
　　　　理事会同様、委任状による出席も書面表決も代理　**定足数**
　　　　出席も一切許されていない。
　　　　よって、評議員には評議員会に出席できる人を原
　　　　則選ばなければならない。

（決議）

第18条 評議員会の決議は、法令又はこの定款に別段の定めがある場合を除き、決議について特別の利害関係を有する評議員を除く評議員の過半数が出席し、その過半数をもって行う。

2 前項の規定にかかわらず、次の決議は、決議について特別の利害関係を有する評議員を除く評議員の3分の2以上に当たる多数をもって行わなければならない。

(1) 監事の解任

(2) 定款の変更

(3) 基本財産の処分又は除外の承認

(4) その他法令で定められた事項

3 理事又は監事を選任する議案を決議するに際しては、各候補者ごとに第1項の決議を行わなければならない。理事又は監事の候補者の合計数が第20条第1項に定める定数を上回る場合には、過半数の賛成を得た候補者の中から得票数の多い順に定数の枠に達するまでの者を選任することとする。

4 理事が、評議員会の決議の目的である事項について提案した場合において、その提案について、評議員の全員が書面又は電磁的記録により同意の意思表示をしたときは、その提案を可決する旨の評議員会の決議があったものとみなす。

（議事録）

第19条 評議員会の議事については、法令で定めるところにより、議事録を作成する。

2 出席した評議員の中から選任した議事録署名人2名は、前項の議事録に記名押印又は署名する。

第18条・特別決議については、議決に加わることのできる　**決議**
　　　　評議員の３分の２以上の議決権が必要だが、４分
　　　　の３以上などのようにさらに厳しくすることもで
　　　　きる。

　　　　・評議員会の開催には、評議員の過半数の実際の出
　　　　席が必要なので、評議員会を開催しなくてもよい
　　　　方法として、この規定を定めておくとよい。

第19条・議事録署名人については、特に誰にするか決めら　**議事録**
　　　　れていないが、評議員会の冒頭に２人決めて、議
　　　　長と一緒に署名することが一般的である。

第6章　役　員

（役員の設置）

第20条　この法人に、次の役員を置く。

　　(1)　理事　3名以上9名以内

　　(2)　監事　3名以内

　2　理事のうち1名を代表理事とし、副代表理事及び専務理事をそれ
　　ぞれ1名置くことができる。

　3　代表理事以外の理事のうち、副代表理事及び専務理事を業務執行
　　理事とする。

（役員の選任）

第21条　理事及び監事は、評議員会の決議によって選任する。

　2　代表理事及び業務執行理事は、理事会の決議によって理事の中か
　　ら選定する。

（理事の職務及び権限）

第22条　理事は、理事会を構成し、法令及びこの定款で定めるところに
　　より、職務を執行する。

　2　代表理事は、法令及びこの定款で定めるところにより、この法人
　　を代表し、その業務を執行し、業務執行理事は、理事会において別
　　に定めるところにより、この法人の業務を分担執行する。

　3　代表理事及び業務執行理事は、毎事業年度に4ヵ月を超える間隔
　　で2回以上、自己の職務の執行の状況を理事会に報告する。

（監事の職務及び権限）

第23条　監事は、理事の職務の執行を監査し、法令で定めるところによ
　　り、監査報告を作成する。

　2　監事は、いつでも、理事及び使用人に対して事業の報告を求め、
　　この法人の業務及び財産の状況の調査をすることができる。

第20条 ・理事は、3人以上であれば、何人でも構わない。

・監事は1人以上であれば、何人でも構わない。

・一般法人法では、代表者の役職名は「代表理事」であるが、定款で「理事長」「会長」などと定めることができる。その場合は、ここに記載し、さらに、「理事長をもって一般法人法上の代表理事とする」などと必ず記載しておくこと。

・代表理事以外の役付理事等を業務執行理事として定めることもできる。

役員の設置

第21条 ・役員（理事・監事）の選任機関は、必ず評議員会でなくてはならない。

・役付理事については、理事会の中で互選で決めることが一般的であるが、選挙等で決めることもできる。

役員の選任

第22条 ・代表理事や業務執行理事については、ここで記載をしておかないと、理事会ごとに職務の執行状況を報告することになるので、このように記載しておくことをお勧めする。なお、この規定を入れておけば、決算理事会と予算理事会の2回だけ報告すればよいことになる。

監事の職務及び権限

（役員の任期）

第24条 理事の任期は、選任後2年以内に終了する事業年度のうち最終のものに関する定時評議員会の終結の時までとする。

　2　監事の任期は、選任後4年以内に終了する事業年度のうち最終のものに関する定時評議員会の終結の時までとする。

　3　補欠として選任された理事又は監事の任期は、前任者の任期の満了する時までとする。

　4　理事又は監事は、第20条に定める定数に足りなくなるときは、任期の満了又は辞任により退任した後も、新たに選任された者が就任するまで、なお理事又は監事としての権利義務を有する。

（役員の解任）

第25条 理事又は監事が、次のいずれかに該当するときは、評議員会の決議によって解任することができる。

　　(1) 職務上の義務に違反し、又は職務を怠ったとき。

　　(2) 心身の故障のため、職務の執行に支障があり、又はこれに堪えないとき。

（報酬等）

第26条 理事及び監事に対して、その職務執行の対価として、評議員会において別に定める報酬等の支給の基準に従って算定した額を、評議員会の決議を経て、報酬等として支給することができる。

　2　理事及び監事には、その職務を執行するために要する費用の支払をすることができる。

第7章　理事会

（構成）

第27条 この法人に理事会を置く。

　2　理事会は、すべての理事をもって構成する。

第24条・理事の任期は、最大で2年である。よって、1年
　　　　などに短縮することはできるが、3年や4年に伸
　　　　長することはできない。なお、変更がなくても再
　　　　任時に役員変更（重任）登記が必要となるので、
　　　　最長である2年が一般的である。
　　　・監事の任期は、最短で2年、最長で4年である。
　　　　ただし、理事と同じ時期に就任・退任させるため、
　　　　任期を2年にする場合が多い。
　　　・増員した役員の任期を、その他の役員の任期に合
　　　　わせることはできないので、増員した役員だけ任
　　　　期が飛び出ることになる。

役員の
任期

第25条・選任はもちろん、解任も評議員会で行うことにな
　　　　る。

役員の
解任

第26条・役員報酬は、無報酬にすることもできる。その際は、
　　　　ここに定めておくとよい。

報酬等

第27条・常任理事制度等を設けて、理事会を一部の理事で
　　　　行うことはできない。設ける場合は、理事会への
　　　　付議機関という位置づけになる。

構成

（権限）

第28条　理事会は、次の職務を行う。

　　　(1)　この法人の業務執行の決定

　　　(2)　理事の職務の執行の監督

　　　(3)　代表理事及び業務執行理事の選定及び解職

（招集）

第29条　理事会は、法令に別段の定めがある場合を除き、代表理事がこれを招集する。

　　2　代表理事が欠けたとき又は代表理事に事故があるときは、各理事が理事会を招集する。

（理事会の議長）

第30条　理事会の議長は、代表理事がこれに当たる。ただし代表理事が欠けたときは、あらかじめ理事会で定めた順位により、他の理事がこれに代わるものとする。

（理事会の定足数）

第31条　理事会は、理事の過半数の出席がなければ開催することができない。

（決議）

第32条　理事会の決議は、決議について特別の利害関係を有する理事を除く理事の過半数が出席し、その過半数をもって行う。

　　2　前項の規定にかかわらず、一般法人法第197条において準用する同法第96条の要件を満たしたときは、理事会の決議があったものとみなす。

（議事録）

第33条　理事会の議事については、法令で定めるところにより、議事録を作成する。

　　2　出席した代表理事及び監事は、前項の議事録に記名押印又は署名する。

第30条・理事会の議長は、代表理事ではなく誰にしてもよ　**理事会の**
　　　　い。　　　　　　　　　　　　　　　　　　　　　　　　　　**議長**

第31条・理事会の定足数も、評議員会同様過半数だが、理　**理事会の**
　　　　事会も委任状による出席、書面表決、代理出席が　**定足数**
　　　　一切許されていない。
　　　　　よって、理事には、出席できる人を原則選ばなけ
　　　　ればならない。

第32条・一般法人法197条が準用する同法96条の規定（理　**決議**
　　　　事会の決議の省略）の方法は、会議を開催しなく
　　　　てもよい方法としてとても便利なので、必ずここ
　　　　に定めておくとよい（157ページ参照）。

第33条・理事会の議事録署名は、会議に出席した全理事と　**議事録**
　　　　監事が基本である。全理事にしたくない場合は、
　　　　出席した代表理事とすることができる。

第8章　定款の変更及び解散等

(定款の変更)

第34条　この定款は、評議員の3分の2以上に当たる多数の決議によっ
　　　　て変更することができる。

　2　この法人の目的並びに評議員の選任及び解任の方法についても同
　　　様とする。

(解散)

第35条　この法人は、基本財産の滅失によるこの法人の目的である事業
　　　　の成功の不能その他法令で定められた事由によって解散する。

(残余財産の帰属)

第36条　この法人が清算をする場合において有する残余財産は、評議員
　　　　会の決議を経て、公益社団法人及び公益財団法人の認定等に関
　　　　する法律第5条第17号に掲げる法人又は国若しくは地方公共
　　　　団体に贈与するものとする。

(剰余金)

第37条　この法人は、剰余金の分配を行うことができない。

第9章　公告の方法

(公告の方法)

第38条　この法人の公告は、主たる事務所の公衆の見やすい場所に掲示
　　　　する方法により行う。

第10章　補　則

(委任)

第39条　この定款に定めるもののほか、この法人の運営に関する必要な
　　　　事項は、理事会の議決により、代表理事が別に定める。

第36条・非営利型法人として、税制上の優遇を受けるため　残余財産
　　　　には、解散時の残余財産については、基本的に認　の帰属
　　　　定法5条17号に掲げる法人等に贈与することにし
　　　　ておくことが求められている。
　　　・残余財産の帰属先を決めない場合、解散時の評議
　　　　員会で議決したところに帰属させることになる。

第37条・非営利型法人として、税制上の優遇を受けるため　剰余金
　　　　には、ここに、剰余金の分配の制限を入れておく
　　　　必要がある。

第38条・公告の方法は、官報、電子公告、日刊新聞等が定　公告の
　　　　められているが、事務所掲示が一番安価で簡便で　方法
　　　　ある。

第39条・定款だけですべて法人の規則を定めておくことは　委任
　　　　不可能なので、定款細則や規則規程類は、別に定
　　　　めておくことが望ましい。

附　則

1　この法人の最初の事業年度は、この法人成立の日から令和3年12月31日までとする。
2　この法人の設立時の評議員は、次のとおりとする。
　　設立時評議員　　労務太郎　総務次郎　庶務三郎
3　この法人の設立時の代表理事、設立時の理事及び設立時の監事は、次のとおりとする。

設立時代表理事	法務　一郎
設立時理事	実務　二郎
設立時理事	事務　三郎
設立時監事	税務　四郎

　以上、一般財団法人東京支援財団を設立するため、この定款を作成し、設立者がこれに記名押印する。なお、この定款に規定のない事項は、すべて法人法その他の法令によるものとする。

令和3年1月10日

　　設立者　氏　名　　保阪　善昭　　㊞

附　則　・事業年度は１年を超えることはできないので、法人成立日から、最初の決算日までが１期となる。

・ここに役員名を掲げておくと、申請時の書類が減らせるので、できるだけ掲げておくべきである。
なお、役員の住所については、記入してもよいが、個人情報保護の観点から記入しないことをお勧めする。

・設立者の押印は、必ず印鑑証明書どおりの実印を押印することになる。ただし、設立者が任意団体の場合は、代表者の個人の実印を押印する。

④ 設立登記申請書

一般財団法人設立登記申請書

　　　フリガナ　　　　　トウキョウシエンザイダン
1. 名　　　　称　　　一般財団法人東京支援財団
1. 主 た る 事 務 所　　東京都中央区渡良瀬橋三丁目2番1号
1. 登 記 の 事 由　　令和3年1月28日設立手続終了
1. 登記すべき事項　　別紙のとおり
1. 登 録 免 許 税　　金6万円
1. 添 付 書 類
　　定款（…③）　　　　　　　　　　　　　　　　　　1通
　　財産の拠出の履行があったことを証する書面（…⑨）　　1通
　　設立時代表理事、設立時役員等の就任承諾書（…⑤）　　○通
　　設立時代表理事の印鑑証明書（…⑦）　　　　　　　　1通
　　⎛設立時理事及び設立時監事、設立時評議員の
　　⎝本人確認証明書（…⑥）　　　　　　　　　　　　　○通⎞
　　設立時代表理事選定書（…⑧）　　　　　　　　　　　1通
　　⎛設立時理事及び監事の選任及び主たる事務所所在場所の
　　⎝決定に関する決議書（…⑩）　　　　　　　　　　　1通⎞

　　上記のとおり登記の申請をする。
　　　令和3年2月1日

　　　東京都中央区渡良瀬橋三丁目2番1号
　　　　申請人　　　一般財団法人東京支援財団

　　　東京都江東区有田3丁目6番9-2120号
　　　　代表理事　法務　一郎　　㊞

　　連絡先の電話番号　　TEL 03-1234-4567
　東京法務局　　　御中

・この書類は住所は、最小行政区にすることができないので、具体的な地番、ビル名や号数までも記載すること。

・設立手続の終了日は、公証役場での定款認証日以降、登記申請日までの期間内とする。

・定款は必ず公証役場で認証後のものをここに添付する。その際は、間違っても法人保存用の定款を提出しないこと。

・財産の拠出の履行証明は、通常通帳のコピーを添付する。

・代表理事は、代表理事としての就任承諾書と理事としての就任承諾書を別葉にすることをお勧めする。

・本人確認証明書は、住民票の写しか、運転免許証のコピー（裏表をコピーして本人が原本と相違ない旨を記載して署名又は記名押印したもの）など。

・印鑑証明書の添付は、代表理事のみであるため、その他の者の書類への押印は、実印でなくてもよいことになる。

・定款に理事・監事や事務所の具体的地番が記載されていない場合は決議書が必要となる。なお、すべて記載されている場合は、これらの書類が不要になるので、なるべく記載しておくことをお勧めする。

・会計監査人を置く場合は、設立時会計監査人の選任に関する書面、就任承諾書、監査法人の登記事項証明書が各1通必要になるが、監査人が個人の場合は、公認会計士であることを証する書面が必要となる。

・申請書に押印する代表理事名の横の印鑑は、法人の代表印（実印）を押す。

・連絡先の電話番号は、書類に不備があったときに問い合わせ用として必要である。

●収入印紙貼付台紙の例

収入印紙貼付台紙

> 割印をしないで貼ってください。
> また、収入印紙の消印作業の都合上、
> 右側に寄せて貼り付けてください。

収入印紙

契
印

> 登記申請書（収入印紙貼付台紙を含む。）が複数ページになる場合は各ページのつづり目に契印する必要があります。契印は，登記申請書に押した印鑑（設立時代表理事が法務局に提出した印鑑又は代理人の印鑑）と同一の印鑑を使用する必要があります。

> 登記の申請書に押印すべき者は，あらかじめ（この申請と同時でも構いません。）登記所に印鑑を提出することとされていますので、法人を代表すべき者の印鑑について、「印鑑届書」を提出する必要があります。
> なお、印鑑届書の用紙はお近くの法務局で入手できます（無料）。また、法務局ホームページ「商業・法人登記の申請書様式」（http://houmukyoku.moj.go.jp/homu/COMMERCE_11-1.html）にも掲載していますので，御利用ください。

※法務局ホームページ（http://houmukyoku.moj.go.jp/homu/content/001252918.pdf）の例をもとに作成。

・設立登記登録免許税は、すべての法人とも6万円である。収入印紙を事前に購入し、別葉の「収入印紙貼付台紙」と記載した白紙の用紙にこれを貼付する。なお、収入印紙には消印（割印）をしないこと。収入印紙貼付台紙は設立登記申請書の後ろに重ね、ホチキス留め等をし、台紙のページと申請書のつづり目に契印をする。

●収入印紙貼付台紙への貼付と契印の方法

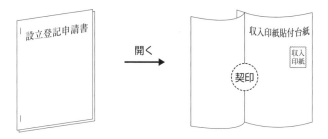

⑤ 設立時代表理事、設立時役員等の就任承諾書

就 任 承 諾 書

　私は、令和3年1月11日、貴法人の設立時の理事として選任されました
ので、その就任を承諾いたします。

　令和3年1月11日

　　　　東京都江東区有田3丁目6番9-2120号
　　　　法務　一郎　　　㊞

　一般財団法人東京支援財団　　御中

※監事の就任承諾書

　私は、令和●年●月●日、貴法人の設立時の監事として選任されました
ので、その就任を承諾いたします。

※代表理事の就任承諾書

　私は、令和●年●月●日、貴法人の設立時の代表理事として選任され
ましたので、その就任を承諾いたします。

※評議員の就任承諾書

　私は、令和●年●月●日、貴法人の設立時の評議員として選任されま
したので、その就任を承諾いたします。

・この書類の日付は、定款作成日から設立登記日までの間となり、2行下の承諾書の日付と必ず同じ日とする。

・この書類の住所は、印鑑証明書又は住民票どおりに記載すること。なお、押印する印鑑は、代表理事は印鑑証明書を提出するので個人の実印とし、他の理事、監事、評議員は印鑑証明書を提出しないので認印でもよい。

一般財団法人の申請書の書き方

⑥ 設立時理事及び設立時監事、設立時評議員の 本人確認証明書

運転免許証等を使う場合の見本（表面と裏面を１枚に集約）

氏名	実務　二郎	平成元年１月１日生
住所	愛知県名古屋市千種区千種〇-〇-〇	
公布	平成31年01月01日　12345	

令和６年１月１日まで有効

備考

本書は原本と相違ありません

理事　実務　二郎　㊞

・住民票の写しがいちばん簡単でよいが、運転免許証など免
許証のコピーを使うこともできる。その場合、表面と裏面
を１枚の用紙にコピーして、余白に「本書は原本と相違あ
りません」と記載し、記名押印する。この時の印鑑は認印
でもよい。

運転免許証等を使う場合の見本（表面と裏面の２枚）

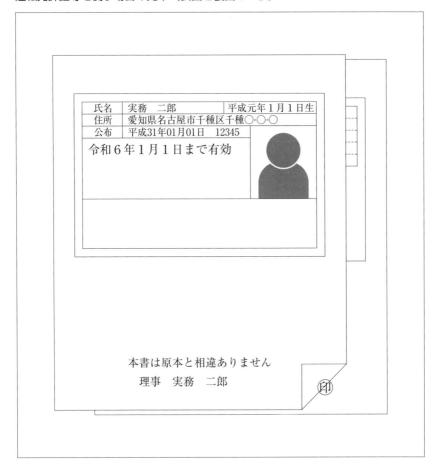

氏名	実務　二郎	平成元年１月１日生
住所	愛知県名古屋市千種区千種○-○-○	
公布	平成31年01月01日　12345	

令和６年１月１日まで有効

本書は原本と相違ありません

理事　実務　二郎

・表面と裏面で２枚になる場合はホチキスで留めて、１枚目
　を折り曲げ、折り曲げた所に印鑑を押して契印する。

⑦ 設立時代表理事の印鑑証明書

印鑑登録証明書

登録印	氏名	法務　一郎		
法務	性別	男	生年月日	昭和57年7月10日
	住所	東京都○○区有田3丁目6番9－2120号		

この写しは、登録されている印影と相違いないことを証明する。

令和3年○月○日

　○○証第○号

　　　　　　　　東京都○○区長　　○○　○○　　印

・印鑑証明書は、登記申請日の前3ヵ月以内に発行されたもの。もちろん、コピー等は認められない。

・ここに写っている印鑑と書類に押印した印鑑が違うと、登記は完了しないので、すべての書類に押印する代表理事の印鑑は、必ず実印を押印すること。

・この印鑑登録証明書は一例。地域によっては、性別欄を廃止しているなど、様式が異なる場合がある。

⑧ 設立時代表理事選定書

設立時代表理事選定書

　令和3年1月31日午前10時30分東京都中央区新橋1丁目1番1号東京新橋ホテル会議室において設立時理事全員出席し、その全員の一致の決議により次のとおり設立時代表理事を選定した。

　なお被選任者は即時その就任を承諾した。

　　　設立時代表理事　　法務　一郎

　以上この議事録が正確であることを証するため設立時理事の全員（又は出席した設立時理事）は次に記名押印する。

　　　令和3年1月31日

　　　一般財団法人東京支援財団

　　　出席設立時理事　　法務　一郎　　　㊞

　　　　　同　　　　　　実務　二郎　　　㊞

　　　　　同　　　　　　事務　三郎　　　㊞

・設立時の代表理事は、設立時理事の過半数によって選出することになっているので、定款に定めていても必ずこの書類が必要となる（一般法人法21条）。

・印鑑は認印でもよい。

（注）選定書が複数ページになる場合には、各ページのつづり目に契印する。契印は、署名者のうち1人の印鑑で構わない。

⑨ 財産拠出の履行証明書

財産の拠出の履行があったことを証する書面

　一般財団法人東京支援財団の設立に際し、下記の通り拠出があったことを証明します。

記

　　保阪　善昭　　　拠出財産　　金300万円

　　令和3年1月21日

　　　　　東京都中央区渡良瀬橋三丁目2番1号

　　　　　一般財団法人東京支援財団

　　　　　　設立時代表理事　法務　一郎　　　㊞

・この書面と、金融機関発行の取引明細書又は通帳のコピーを添付するのだが、一般的には通帳のコピーを添付することになる。

・設立者（複数の場合はそのうちの１人）の名義ですでに取得している銀行口座に、設立者が振り込むことで通帳に設立者名が印字される。それが財産拠出の履行の証拠となる。この際、預入れでは名前が記載されないので、必ず振り込むこと。

・設立者が複数の場合は、そのうちの１人の口座に設立者全員が各々の設立者名で振り込むこと。

・振り込みのあった部分にマーカー又は下線を付すなど、払い込まれた金額がわかるようにすること。

・銀行口座は、すでにもっている口座を使用してもよく、残高があってもよい。ただし、口座の通帳の表紙もコピーして添付し、誰の口座かわかるようにすること。

・代表理事名の横に押印する印鑑は、法人の代表印（実印）とする。

（注）添付するコピー類を用意したら、この書面の後ろに重ね一緒にホチキス留めをして、法人の代表印（実印）で各ページのつづり目に契印する。契印は、必ず法人の代表印とする。

⑩ 決議書（定款で設立時の評議員、理事及び監事並びに主たる事務所の所在地を記載しなかった場合）

決　議　書

　令和3年1月31日、一般財団法人東京支援財団の創立事務所において、設立者全員が出席し、その全員の一致の決議により、設立時評議員、理事及び監事に下記の者を選任すること並びに主たる事務所について次のとおりとすることを決定した。

　　主たる事務所　　東京都中央区渡良瀬橋三丁目2番1号

　　設立時評議員
　　　　　労務太郎　　総務次郎　　庶務三郎

　　設立時理事
　　　　　法務一郎　　実務二郎　　事務三郎

　　設立時監事
　　　　　税務四郎

　令和3年1月31日

　　　東京都中央区渡良瀬橋三丁目2番1号

　　　一般財団法人東京支援財団

　　　　　設立者　　保阪　善昭　　　㊞

・この書類は、評議員、理事及び監事並びに主たる事務所の所在地を事前に決めて、定款に定めておけば不要となるので、できるだけ定款認証までに役員等を定めて定款に記載し、定款認証を受けることをお勧めする。

・設立者の印鑑は、設立者が個人であればその個人の実印とする。法人の場合は、代表者の肩書きや氏名などを記載し、印鑑は、法人の代表印（実印）とする。

（注）決議書が複数ページになる場合には、各ページのつづり目に契印する。契印は、設立者のうち1人の印鑑で構わない。

⑪ 別紙 … 一般のコピー用紙等にパソコンで打ち込んでください。

別紙

「名称」一般財団法人東京支援財団
「主たる事務所」東京都中央区渡良瀬橋三丁目2番1号
「法人の公告方法」この法人の公告は、主たる事務所の公衆の見やすい場所に掲示する方法により行う。
「目的等」
目的
　この法人は、福祉に関する様々な団体を支援するため、各種助成事業や指導者育成に関する事業を行い、国民の福祉の増進に寄与することを目的とし、その目的に資するため次の事業を行う。
（1）福祉団体に対する各種助成事業
（2）福祉指導者育成事業
（3）その他この法人の目的を達成するために必要な事業
「役員に関する事項」
「資格」評議員
「氏名」労務太郎
「役員に関する事項」
「資格」評議員
「氏名」総務次郎
「役員に関する事項」
「資格」評議員
「氏名」庶務三郎
「役員に関する事項」
「資格」代表理事
「住所」東京都江東区有田3丁目6番9-2120号
「氏名」法務一郎
「役員に関する事項」
「資格」理事
「氏名」実務二郎
「役員に関する事項」
「資格」理事
「氏名」事務三郎
「役員に関する事項」
「資格」理事
「氏名」法務一郎
「役員に関する事項」
「資格」監事
「氏名」税務四郎
「登記記録に関する事項」設立

	訂正印	申請人印

・申請書に記載する事項のうち、登記すべき事項について、申請書の記載に代えてCD-ROM等の磁気ディスクを提出することができる（商業登記法17条4項）。この制度は、磁気ディスク自体が申請書の一部となるので、磁気ディスクの内容を別途印刷して添付する必要はない。

しかし、パソコンでつくるのであれば、紙に印刷して提出するほうが簡単なので、本書では、紙で提出する場合を想定している。

・この別紙は、特に決まった用紙はない。自分のパソコンでつくってコピー用紙に印刷して提出する。

・この別紙に記載する内容は、すべて定款に記載しているとおりにする必要がある。一言一句間違えないように、パソコンで定款を作成している場合は、コピー（複写）アンド・ペースト（貼り付け）を活用して、記載することをお勧めする。

・住所を記載するのは、代表理事のみ。

・用紙の右下には、法人の代表印（実印）を押印しておく。なお、修正がある場合のことも考慮し、訂正印欄にも押印しておくことをお勧めする。

一般財団法人の申請書の書き方

⑫ 印鑑届書（法務局に備付けの用紙を使うと便利です）

印 鑑 （ 改 印 ） 届 書

※ 太枠の中に書いてください。

（地方）法務局　　　支局・出張所　　　　令和〇年〇月〇日　申請

（注1）（届出印は鮮明に押印してください。）	商号・名称	一般財団法人東京支援財団
	本店・主たる事務所	東京都中央区渡良瀬橋三丁目2番1号
実法 印人	印鑑提出者 資 格	代表取締役・取締役・⦅代表理事⦆ 理事　・　（　　　　　　）
	氏 名	法務 一郎
	生年月日	大・⦅昭⦆・平・西暦　57 年 7 月 10 日生

□ 印鑑カードは引き継がない。
（注2）□ 印鑑カードを引き継ぐ。
印鑑カード番号＿＿＿＿＿＿＿＿＿＿＿＿

会社法人等番号	

前 任 者＿＿＿＿＿＿＿＿＿＿＿＿

届出人（注3）　■ 印鑑提出者本人　　□ 代理人

住 所	東京都江東区有田3丁目6番9－2120号	（注3）の印
フリガナ	ホウム イチロウ	㊞
氏 名	法務 一郎	

委 任 状

私は，（住所）

　　　　（氏名）

を代理人と定め，印鑑（改印）の届出の権限を委任します。

令和　　年　　月　　日

住 所

氏 名　　　　　　　　　　　　　　　　　　印　｜市区町村に
登録した印鑑｜　（注3）の印

□ 市区町村長作成の印鑑証明書は，登記申請書に添付のものを援用する。（注4）

（注1）　印鑑の大きさは，辺の長さが1cmを超え，3cm以内の正方形の中に収まるものでなければなりません。

（注2）　印鑑カードを前任者から引き継ぐことができます。該当する□にレ印をつけ，カードを引き継いだ場合には，その印鑑カードの番号・前任者の氏名を記載してください。

（注3）　本人が届け出るときは，本人の住所・氏名を記載し，**市区町村に登録済みの印鑑**を押印してください。代理人が届け出るときは，代理人の住所・氏名を記載，押印（認印で可）し，委任状に所要事項を記載し，本人が**市区町村に登録済みの印鑑**を押印してください。

（注4）　この届書には作成後3か月以内の**本人の印鑑証明書**を添付してください。登記申請書に添付した印鑑証明書を援用する場合は，□にレ印をつけてください。

印鑑処理年月日					
印鑑処理番号	受 付	調 査	入 力	校 合	

・印鑑届書は、法務局に行けば誰でも無料でもらうことができるが、字数やピッチなどが同じであれば、自分のパソコンでつくってコピー用紙に印刷して提出してもよい。

・注1に押印する印鑑は、届出しようとしている法人の代表印（実印）。

・注3に押印する印鑑は、代表理事の個人の実印。

⑬ その他（設立登記申請を司法書士等の代理人に依頼する場合）

委 任 状

（住所）　東京都渋谷区代々木二丁目19番12号

（氏名）　司法書士　中谷　智明

　　上記の者を代理人と定め、次の権限を委任します。

1　一般財団法人東京支援財団の設立登記申請に関する一切の件

　　　　令和3年1月31日

　　　　東京都中央区渡良瀬橋三丁目2番1号
　　　　　申請人　　　一般財団法人東京支援財団

　　　　東京都江東区有田3丁目6番9-2120号
　　　　　代表理事　法務　一郎　　　㊞

・実際に法務局に行く司法書士等の代理人の住所と氏名を記載。

・原本還付を請求する場合は、下記の一文を入れる。

> 2　原本還付請求及び受領の件

・委任する年月日を記載。法務局に行く日より前の日付でなければならない。(当日もOK)

・法人の主たる事務所の住所と法人名。

・代表者の住所氏名を印鑑証明書どおりに正しく記載すること。

・印鑑は、法人の代表印を押印すること。

第**5**章

法人設立後の
注意事項

設立から始まる 法人としての義務

■法人設立後にすべきこと

　主たる事務所における登記の手続が終わってはじめて、団体は「**一般社団法人**」「**一般財団法人**」となったことになり、これを法人の成立と呼びます。

　法人の登記が終われば、これで、やれやれ一段落と思いたいところですが、まだ様々な官公庁への届出をしなければならないのです。

① 　まず、法人住民税が法人にはかかりますから、都道府県の税事務所へ設立から一定期間(自治体によって違います)内に、事業開始等申告書や定款のコピー、履歴事項証明を提出しなければなりません。

② 　従業員を雇ったり、給与や報酬を受ける者がいる場合は、設立から1ヵ月以内に給与支払事務所等の開設届出書等を税務署に提出する必要があります。

③ 　さらに労働基準監督署や公共職業安定所に行って、労災保険と雇用保険への加入の手続をしなければなりません。設立時から、従業員等のいる法人なら、設立と同時にこの2つの保険に入ることが義務づけられています。

　　一方、設立時に従業員等のいない法人が、従業員等を雇う場合は、雇用してから10日以内に両保険に加入しなければなりません。

④ 　さらに社会保険事務所に行って、健康保険と社会保険の手続も必要です。社会保険は、従業員のいる法人はすべて加入することが義務づけられています。

⑤ 　法人が非営利型の一般法人でない場合、又は非営利型の

一般法人であっても税法上の収益事業を営む場合には、税務署への届出も必要です。その場合には、事業開始又は収益事業を開始してから2ヵ月以内に、事業又は収益事業を開始した旨の届出書、履歴事項証明、定款のコピー、青色申告の承認申請書等を税務署に提出しなければなりません。しかし、非営利型の一般法人で収益事業をしない場合は、税務署への届出は必要ありません。

　また、都道府県の税事務所（窓口）にも、この税務署に出した届出書のコピーを提出する必要があります。

⑥　その他、法人として成立後、関係官庁に事業開始の届出をする必要があります。まず主たる事務所の登記完了日後各条例で決められた日まで（東京23区内は15日以内）に法人設立の届出をし、また、有給職員を雇用した時や税法上の収益事業を開始した時にも所定の届出を行います。なお、各種届出を行う際に人事関係等の内部諸規定・帳票を作成する必要があります。

●法人設立後にする各種届出書類

	届出先	届出に必要な書類（収益事業・従業員の有無によって異なる）
税金関係	税務署	履歴事項証明 棚卸資産の評価方法の届出書 定款のコピー 減価償却資産の償却方法の届出書 職員名簿 給与支払事務所等の開設届出書
	都道府県税事務所	履歴事項証明 定款のコピー 法人設立届出書（東京都の場合は事業開始等申告書）
	市町村役場	履歴事項証明 定款のコピー 法人設立届出書（東京都の場合は事業開始等申告書） ※ただし自治体によって違うことがあります
労働保険関係	労働基準監督署	履歴事項証明 労働保険料申告書 保険関係成立届 適用事業報告など
	公共職業安定所	履歴事項証明 雇用保険適用事業所設置届 資格取得届 法人設立届出書の写し 事業開始等申告書の写し（東京都のみ） 保険関係成立届 労働者名簿など
社会保険関係	社会保険事務所	履歴事項証明 新規適用届 新規適用事業所現状書 被保険者資格取得届 被扶養者（異動）届 保険料納入告知書送付（変更）依頼書など

2 一般社団・財団法人の会計と決算

■一般社団・財団法人の会計とは

　一般社団・財団法人は、税制上は非営利型法人とそれ以外の普通法人に分類され（28ページ参照）、前者であれば収益事業のみに課税され、後者であれば全所得に課税されることになります。

　しかし、その会計処理の方法は、公益法人と同様の公益法人会計でも、株式会社と同様の企業会計でもよいことになっています。

　処理のしやすさからいうと、非営利型法人であれば、公益法人会計を採用し、それ以外の普通法人であれば、企業会計を採用することをお勧めします。

　ただ、現時点で決められていることは『きっちりと記帳すること』であって、公益法人会計や複式簿記による会計処理が必要条件ではありません。

■一般社団・財団法人の決算

　一般社団・財団法人は、定款で決めた事業年度の末日で、活動結果を集計し、事業や会計の報告書を作成しなければなりません。これを「決算」といいます。

　一般社団法人であれば社員総会に、**一般財団法人**であれば評議員会に、財産目録、貸借対照表、収支計算書等の計算書類を提出し、それぞれ承認を受けることになります。

（1）財産目録の作成

　簡易的な会計処理では実際にある財産・債務の金額を個

別に確認して（実地棚卸といいます）財産目録を作成します。重要な債権債務（未収入金や貸付金、未払金、借入金等）の科目については、補助簿又は管理台帳を備えて置き、この帳簿残高をもとに作成します。補助簿等のないものについては、現金出納帳・預金出納帳より転記します。また、各月で仮処理であったものがあれば調べて正しく処理しなおします。

（2）貸借対照表の作成

　貸借対照表は、実質的には、科目・金額とも財産目録と同一であるため、上記財産目録から作成できます。

（3）収支計算書の作成

　月次で予算実績対比表を作成している場合は、最終月の予算実績対比表に決算整理事項を加減算して作成します。予算実績対比表を作成していない場合は、上述の予算実績対比表の作成手順で事業年度累計を計算して作表します。

3 一般社団・財団法人の解散

　清算をする**一般社団・財団法人**（清算法人）は、解散してもすぐにやめることはできません（一般法人法207条）。

　まず、清算の目的の範囲内で、1人又は2人以上の清算人を置きます。清算人は通常、理事や定款で定める者、社員総会又は評議員会で選任された者がなります。加えて、**大規模一般社団法人・大規模一般財団法人**は、監事を置きます（一般法人法208・209条）。次に、清算人は、①現務の結了、②債権の取立て及び債務の弁済、③残余財産の引渡しの職務を行います（一般法人法212条）。

　清算法人は、清算の開始原因が発生した後、すぐにその清算法人の債権者に対し、一定の期間（2カ月以上は必要）内にその債権を申し出るよう官報に公告し、さらに認知できている債権者には、それぞれに債権を申し出るよう催告をします。

　解散時の残余財産は分配できないようにすべきという意見もありますが、**一般社団法人**や**一般財団法人**は、あくまでも公益目的に限定されていません。そのため債務を完済した後に残存する残余財産の処分については、法人の自律的な意思決定に委ねることとなり、定款で定めるところにより譲渡します。定款で定めていない場合は、清算法人の社員総会又は評議員会の決議によって定めることになります。それでも決まらない場合は、国庫に没収となります（一般法人法239条）。

　清算が結了し、債務を弁済し、残余財産を引き渡して、清算事務を終了して、決算報告を作成し、決算人会等の承認を受けてはじめて、消滅することになります。このように解散から清算結了までは、時間を要します（一般法人法240条）。

■一般社団・財団法人の合併

　一般社団法人又は**一般財団法人**は、他の**一般社団法人**又は**一般財団法人**と合併することができます（一般法人法242条）。

　合併をする法人が**一般社団法人**同士の場合には、合併後存続する法人又は合併により設立する法人は**一般社団法人**に限られ、合併をする法人が**一般財団法人**同士である場合には、合併後も**一般財団法人**になります。しかし、あまり例はないと思われますが、**一般社団法人**と**一般財団法人**が合併することもできるのです。その場合は、どちらの法人格を選択することもできますが、合併をする**一般社団法人**が合併契約の締結の日までに基金の全額を返還していないときは、合併後存続する法人又は合併により設立する法人は、**一般社団法人**に限定されます（一般法人法243条）。

■合併の方法

　合併には、吸収合併と新設合併があります。吸収合併とは、合併の当事者となる法人のうち一部の法人が解散して他の存続法人に吸収される方式のことで、新設合併とは、合併の当事者となるすべての法人が解散して新たな法人を設立する方式のことです（一般法人法244～260条）。

　実際の企業合併では、吸収合併がほとんどですから、**一般社団法人**又は**一般財団法人**の合併も吸収合併が一般的となるでしょう。つまり、勢いのある大きな法人が、弱小法人を飲み込んでいくスタイルです。

なぜなら、新設合併の場合、許認可や事業免許を必要とする業種では、新設法人による許認可や免許の再取得が必要になりますし、事務手続の処理が非常に煩雑となるからです。

　なお、合併後の法人の名称については、合併元の法人名に統一する場合（主に一方的な吸収合併の場合）、旧法人名の一部又は全部を合体させる場合、まったく新しい名称とする場合の3形態があります。

5 一般社団・財団法人の 解散命令と訴訟

■解散命令

　一般社団法人又は**一般財団法人**は、虚偽の内容で設立申請したり、設立してもなかなか事業を開始しなかったりすると、裁判所から解散命令を受けることがあります。ですから、つくってから何をするか考えようなどと悠長なことをいっていると、動き出す前に解散させられてしまうこともあるので、きちんと計画をした上で設立するようにする必要があります。

　また、業務執行を担当する理事が、法令や定款に違反して、法務大臣から警告を受けたにもかかわらず、その警告を無視していると、やはり解散命令が出されます。そうならないよう、常に理事は、法令や定款を勉強しておかなければなりません（一般法人法261条）。

　ごくまれに、定款に何が書いてあるのかも知らない理事がいますが、法人の理事になるというのは、責任も大変重いので、法令はまだしも定款は熟読しておく必要があります。

　なお、NPO法人には、上記のような解散命令が法的にありませんので、その点では、会社法と同様に非営利法人の解散に関して厳しく規定を整備しているといえます。

裁判所から解散命令が出る場合

① 設立が不法な目的に基づいていたとき

② 正当な理由もなしに、成立から1年以内に事業を開始しないとき、又は1年以上事業を休止していたとき

③ 業務執行理事が、法令や定款に違反し、法務大臣から警告を受けたにもかかわらず、その状態を続けたとき

■組織や役員に対する訴訟とは？

　一般法人法では、**一般社団法人**等の組織に関して、社員や債権者等は、自分たちの権利を守るために、法人組織や役員等に対して訴訟を起こすことができます（一般法人法264〜277条）。

　また、**一般社団法人**に対して適正なガバナンスを必要とする観点から、社員が、設立時社員・設立時理事・役員等（理事、監事、会計監査人又は清算人）について、責任追及の訴訟を起こすよう、一般社団法人に対して請求する権利も認められています（一般法人法278〜283条）。

　さらに一般法人法では、**一般社団法人**等の役員等（理事、監事又は評議員）が、職務の執行に関して不正な行為や法令違反等があったにもかかわらず、その役員等を解任するための議案が社員総会又は評議員会で否決された場合に、評議員や社員（総社員の議決権の10分の1以上を持つ社員のみ）が、訴えをもってその役員等の解任を請求できると定めています（一般法人法284〜286条）。

社員や債権者からの訴訟

① 一般社団法人等の組織に関する行為の無効の訴え

② 社員総会又は評議員会の決議の不存在又は無効の訴え

③ 社員総会又は評議員会の決議の取消しの訴え

④ 一般社団法人等の設立の取消しの訴え

⑤ 一般社団法人等の解散の訴え

6 一般社団・財団法人の様々な登記

　一般社団法人又は一般財団法人は、法人格を得るのも、変更するのも、すべて登記の後でなければ、何の効力もありません。

　登記には、設立の登記、変更の登記、主たる事務所の移転の登記、職務執行停止の仮処分等の登記、吸収合併の登記、新設合併の登記、解散の登記、継続の登記、清算人等の登記、清算結了の登記等、様々な登記があります。

　登記は、一般的に登記所と呼ばれる法務局の出張所に、申請書や添付書類等を提出することで、提出するだけで完了します。

　なお、登記事項を確認することは、誰でもできます。通常は、その管轄の法務局に行って、手数料を払って、閲覧したり、登記事項証明書（かつては履歴事項証明と呼んでいた）を取得したりすることになります。もちろん、郵送で取得することもできます。

　最近は、登記がコンピュータ化されていますので、その管轄の法務局にわざわざ行かなくても、最寄りの法務局で、手数料さえ払えば誰でも簡単に、登記事項証明書等を取得することもできるようになりました。

　一般社団法人又は**一般財団法人**は、公告（法令により義務づけられている事項を債権者、利害関係人等に対して官報などにより周知させること）の方法として、次の方法を選択することができます（一般法人法331〜333条）。

公告の方法
① 官報に掲載する方法
② 時事に関する事項を掲載する日刊新聞紙に掲載する方法
③ 電子公告
④ ①から③までのほか、不特定多数の者が公告すべき内容である情報を認識することができる状態に置く措置として法務省令で定める方法

　平成16年6月9日「電子公告制度の導入のための商法等の一部を改正する法律」が公布され、株式会社等に義務づけられている公告について、現行法における官報、日刊新聞紙に掲載するほか、電子公告が可能になりました。

　新公益法人制度でも電子公告が認められています。不特定多数の者がその情報を得ることができるということで、団体のホームページに掲載する方法等により公告を行うことが可能となっています。

　これにより、一般の人でも、インターネットを利用して、公告が掲載されているホームページにアクセスすることで、その内容を知ることができます。

　なお、電子公告をする場合は、内容によって公告する期間が決まっていますので、十分注意が必要です。

8 一般社団・財団法人の罰則

一般法人法には、次のような罰則も規定されています。

一般社団法人・一般財団法人に対する主な罰則
① 理事等の特別背任罪
② 法人財産の処分に関する罪
③ 虚偽文書行使等の罪
④ 理事等の贈収賄罪
⑤ 虚偽記載等の罪

　理事等の特別背任罪とは、設立者や役員等が、自分や第三者の利益を図るため、又は**一般社団法人**等に損害を加える目的でその任務に背く行為をし、その結果、**一般社団法人**等に財産上の損害を与えることです。この場合、7年以下の懲役又は500万円以下の罰金となります（一般法人法334条）。

　次に、法人財産の処分に関する罪とは、理事等が、法令や定款に違反して基金を返還したり、法人の目的の範囲外で、投機取引のために財産を処分したりすることで、この場合は、3年以下の懲役又は100万円以下の罰金となります（一般法人法335条）。

　また、虚偽文書行使等の罪とは、設立者や役員等が、基金の拠出者を募集するにあたって、**一般社団法人**の事業などに関する説明資料、募集の広告、その他の重要事項について虚偽の記載のあるものの行使等をすることです。この場合は、3年以下の懲役又は100万円以下の罰金となります（一般法人法336条）。

　さらに、理事等の贈収賄罪とは、役員や清算人、会計監査

人等がその職務に関して、不正の請託を受けて、財産上の利益を収受することや、その要求や約束をすることで、この場合は、5年以下の懲役又は500万円以下の罰金となります。もちろん、その者が収受した利益は、没収となり、没収することができないときは、その価額を追徴することになります。なお、利益を供与するほうも罰せられ、その者は、3年以下の懲役又は300万円以下の罰金となります（一般法人法337条）。

最後に、虚偽記載等の罪ですが、これは、会社法の規定に違反して、調査記録簿等に所定の記載をしなかったり、虚偽の記載や記録をしたり、調査記録簿等をきちんと保存しなかった者に対する罰で、30万円以下の罰金が科せられます（一般法人法340条）。

■しつこい寄附要求は厳禁？

罰則の対象ではありませんが、公益法人の役員や職員等は、寄附の募集の際、寄附の勧誘や要求を受けて、一度断わった人に対して、何度も寄附の勧誘や要求を継続することが禁止されていますので、注意してください。人道支援等を行う財団法人などの中には、ダイレクトメールにとどまらず、企業を何度も訪問したりして業務に支障をきたす団体もあり、以前から問題とされていましたので、明文化されました（認定法17条）。

そのほかの罰則一覧 （一般法人法342条・343条・344条より）

次の場合、法人に対して、100万円以下の過料が科せられます。

① 登記を怠ったとき

② 公告や通知を怠ったとき、又は不正の公告や通知をしたとき

③ 開示を怠ったとき

④ 正当な理由なしに、書類や電磁的記録表示を閲覧させなかったり、謄写、抄本、記録等の提供や書面の交付を拒んだとき

⑤ 調査を妨げたとき

⑥ 官庁、社員総会、評議員会に対して、虚偽の申述を行ったり、又は事実を隠ぺいしたとき

⑦ 定款、社員名簿、議事録、財産目録、会計帳簿、貸借対照表、損益計算書、事業報告、事務報告、附属明細書、監査報告、会計監査報告、決算報告等の書面若しくは電磁的記録に記載すべき事項を記載や記録をせず、又は虚偽の記載や記録をしたとき

⑧ 帳簿、書類、電磁的記録を備え置かなかったとき

⑨ 裁判所の命令に違反して、社員総会又は評議員会を招集しなかったとき

⑩ 所定の請求に係る事項を社員総会又は評議員会の目的としなかったとき

※ 令和元年12月1日の改正で「10の2」が新設（現在未施行）。電子提供措置をとる旨の定款の定めがあるのに、所定の期間内に電子提供措置をとらなかったとき

⑪ 正当な理由がないのに、社員総会又は評議員会において、社員や評議員の求めた事項について説明をしなかったとき

⑫ 所定の請求に係る事項を社員総会若しくは評議員会の目的とせず、又はその請求に係る議案を社員総会若しくは評議員会に提出しなかったとき

⑬ 理事、監事、評議員又は会計監査人がこの法律又は定款で定めたその員数を欠くこととなった場合において、その選任（一時会計監査人の職務を行うべき者の選任を含む。）の手続をすることを怠ったとき

⑭ 規定に違反して、理事会又は清算人会に報告せず、又は虚偽

の報告をしたとき

⑮　規定に違反して、自己を債務者とする基金の返還に係る債権を取得したとき、又は債権を相当の時期に他に譲渡することを怠ったとき

⑯　規定に違反して代替基金を計上せず、又は規定に違反して代替基金を取り崩したとき

⑰　規定に違反して、破産手続開始の申立てを怠ったとき

⑱　清算の結了を遅延させる目的で、公告の期間を不当に定めたとき

⑲　規定に違反して、債務の弁済をしたとき

⑳　規定に違反して、清算法人の財産を引き渡したとき

㉑　規定に違反して、吸収合併又は新設合併をしたとき

㉒　会社法の規定に違反して、所定の調査を求めなかったとき

次の場合、その者に対して、100万円以下の過料が科せられます。
①　会社法に違反して、所定の報告をせず、又は虚偽の報告をした者
②　正当な理由がないのに、会社法に掲げる所定の請求を拒んだ者

次の場合、その者に対して、20万円以下の過料が科せられます。
①　規定に違反して、一般財団法人であると誤認されるおそれのある文字をその名称中に用いた者
②　規定に違反して、一般社団法人であると誤認されるおそれのある文字をその名称中に用いた者
③　規定に違反して、一般社団法人又は一般財団法人であると誤認されるおそれのある文字をその名称又は商号中に用いた者
④　規定に違反して、他の一般社団法人又は一般財団法人であると誤認されるおそれのある名称又は商号を使用した者

■決議の省略とは

　「決議の省略」とは当該機関の構成員全員が提案された議題・議案について「同意」すること（一般法人法58条（社員総会）・96条（理事会）・194条（評議員会））であり、一人でも反対する者がいれば、当該議題・議案に係る決議は成立しません。

　もちろん、該当する者が入院していたり海外にいたり、連絡がつかないという場合でも、決議は成立しないことになりますので、かなり慎重な対応が必要です。

　この点、社団法人の社員総会における「書面（又は電磁的方法）による議決権の行使」（一般法人法51・52条。賛否を記載することができ、過半数など必要とする議決権の数で会議体の成立と議題・議案の当否が決まる）とは全く異なりますので、ご注意ください。

　なお、理事会は定款の定めが必要ですが、社員総会や評議員会については定款の定めがなくとも「決議の省略」を用いることが可能です。

■法令上の問題

　理事会の決議の省略と社員総会や評議員会の決議の省略とも、法令上その活用範囲について制限は特にありません。

　もちろん、できるだけ会議というのは議論を尽くして意見交換を行い、それから採決することが理想です。そういう意味でガバナンス上の適否はあるにせよ、決算の承認、役員の選任等の重要事項であっても「決議の省略」を用いることは

可能なのです。

■理事会の決議の省略

① どんな時に使うの？

　ほとんどの法人は、予算理事会と決算理事会の年２回程度の理事会開催を定款に定めているでしょうが、臨時に理事会を開催する事案が生じることもあるでしょう。時期などによっては一堂に会することができないような場合や、同意を求める程度の議案であり明らかに異論は生じない等々の場合に理事会の決議の省略は大変有用であり、実際多くの法人で利用されています。

② 提案者は？

　一般法人法96条は理事が提案するとしています。実際は、定款上の招集権者（代表理事）が行うのが一般的です。

③ 提案の書式は？

　特に法令上の書式は決まっていませんが、同意を求める決議事項を記載する必要があります（理事用は**資料１**・監事用は**資料２**参照）。

④ 同意を求める相手は誰？

　全員でないと全く意味がありませんので、理事全員（理事である提案者自身も対象）と監事全員から回答を求めます。なお、監事の場合は、「同意」ではなく、「異議ない」旨の回答になります。

⑤ 決議の省略の成立時期は？

　理事・監事全員の回答が出揃った時点で決議の省略が成立します。その日が成立日、つまり承認日です。

　この時点までに全員の回答があったことの証拠が必要となりますので、郵便物はもちろん、メールでもFAXでも日付を残して保管しておきましょう。

⑥　回答の書式は？

　回答の書式については、**資料１**や**資料２**の提案の書式通りにすればよい（理事用は**資料３**・監事用は**資料４**参照）のですが、返信は「書面又は電磁的記録」であることが必要とされます。

　コロナ禍のような緊急の場合はＦＡＸやメールでも仕方ないと思いますが、同意の意思の確認とその証拠を残すことには十分留意が必要です。

⑦　議事録の作成方法は？

　一般法人法施行規則15条４項１号に記載されているのは「決議があったものとみなされた事項の内容、提案した理事の氏名、決議があったものとみなされた日、議事録作成を行った理事の氏名」ですが、それ以外の報告事項などを書いてもよいでしょう。

　ただし、返事がないと決議が流れてしまうので、大至急返事をしてもらうよう、特にそこに注意が必要です。なお、同意書は議事録と一緒に保管してください。

職務執行報告に関して注意すべき事項

　代表理事・執行理事による職務執行報告は定款に定めがある場合は４ヶ月を超える間隔で年２回以上報告することとなっていますが、一般法人法第98条２項に定められているとおり、決議の省略による理事会は職務執行報告の回数にカウントされません。

　よって、理事会を決議の省略で行う場合、実開催での報告が求められている職務執行報告ができないこととなります。

　しかしながら、新型コロナウイルスの感染が拡大する中、役職員の健康を守り、生命を守るため、ひいては社会一般への感染を拡大しないため、Ｗｅｂ会議、テレビ会議、電話会議などのオンライン会議を追求したにもかかわらず、そのような通信環境を整えることができず、結果として決議の省略を行うしかない場合には、本来であれば、実開催の理事会で行ったであろう職務執行報

告の内容をすべての理事や監事に文書等で提供し、そのような工夫・努力をしたことについても決議の省略の議事録に記載するとともに、次回の実開催の理事会で改めて報告するというような代替手段を取ることは許容されるものと考えます。

■社員総会・評議員会の決議の省略

① どんな時に使うの？

理事会の場合とほぼ同様ですが、理事会と違って、特に社員総会は社員の人数が多いと、この方法はなかなか利用できないでしょう。

② 提案者は？

定款上の招集権者が理事会の決議に基づき行います。実際に開催する場合と同様、理事会が「決議の省略」を活用して関係議題・議案の成立を図る旨を議決します（一般法人法38条1項2号・3号、同法182条1項）。

③ 同意を求める相手は？

社員や評議員の全員が相手です。一人でも欠けたら成立しません。

④ 提案の書式は？

理事会の場合と同様、書式は法定されていません。内容については、同意を求める具体的な決議事項の記載が求められています。理事会の場合と同じですので、そちらを参照してください。（資料6参照）

⑤ 決議の省略の成立時期は？

社員や評議員全員の回答が出揃った時点で成立、つまり承認となります。

⑥ 回答の書式は？

理事会の場合と同じですので、そちらを参照してください。（資料7参照）

⑦　議事録の作成方法は？

　一般法人法施行規則11条4項1号（社員総会）、同規則60条4項1号（評議員会）に記載されているのは「決議があったものとみなされた事項の内容、提案した者の氏名、決議があったものとみなされた日、議事録作成を行った者の氏名」となります。

　作成者については、理事会の場合と異なり、「理事」ではなく、議事録作成を行った「者」となります。一般的には事務局長が務めることが多いです。（**資料8**参照）

⑧　2週間以上空ける決まりはどうなる？

　決算承認の場合、決算承認理事会と決算承認定時社員総会・評議員会との間に2週間の間隔を置くよう求められています（一般法人法第129条1項・199条）が、定時社員総会・評議員会を決議の省略で行う場合には同項後段に「（第58条第1項の場合にあっては、同項の提案があった日）から」とあるように「2週間」を置く必要はありません。

　つまり、58条1項とは社員総会や評議員会を決議の省略で行う場合のことを指しますので、提案があった日から直ちに回答を求めることができます。

10

「決議の省略」が使えない時の完全マニュアル

　一般法人法58条は社員総会の決議の省略を定めていますが、社員数が多い場合、社員全員の同意を求める決議の省略は困難です。そういう時は下記の方法を検討しましょう。

■社団法人の社員総会のみ利用可能な方法

　社団法人の社員総会については、財団法人の評議員会とは異なり、「決議の省略」（一般法人法58条）以外に「議決権の代理行使」（同法50条。いわゆる委任状）、「書面による議決権の行使」（同法51条）及び「電磁的方法による議決権の行使」（同法52条）があり、選択肢の多い総会運営が可能な制度になっています。

■とにかく委任状を集めるのが楽

　社員数が多い社団法人においては社員「全員」の同意を必要とする「決議の省略」は労力がかかるとともにリスクが大きく、現実的ではないと思われます。したがって、ほとんどの法人は、委任状（議決権の代理行使）を集めることで、社員総会の定足数を（実際に出席する社員数と合わせて）確保する方法を選択することになります。

■委任状以外にも集めたいもの

　委任状以外でも定足数と認められるために集めておくとよいものがあります。それは、「書面による議決権の行使」と「電磁的方法による議決権の行使」の書面です。

　ただし、これについては社員総会毎に理事会の議決が必要

です（一般法人法38条1項3号・4号・同条2項）。また、招集通知は当該社員総会の開催の日の2週間前までに発しなければなりません（同法39条）。

　招集通知には社員総会参考書類のほか、議決権行使の書面（賛否を記載する欄・期限・議決権を行使すべき社員の氏名又は名称）を準備し、同封する必要がありますので、社員数が多い場合はかなり煩雑な作業になるでしょう。

■ハイブリッド開催も今後は必須

　決議の省略以外の方法は、社員総会を実際に開催することが必須です。とりわけ委任状を活用する方法は現実的な方法として多くの法人で利用されています。さらに、書面による議決権の行使や電磁的方法による議決権の行使を用いて行うことも一般的です。

　しかし、社員の活発な意見を求めて議論を尽くした社員総会とは程遠いことになります。

　極端な例を言えば、社員総会の開催場所には数名の社員が出席し、他の者は委任状や書面による議決権の行使、電磁的方法による議決権の行使で、全く意見もないままにすべて賛成多数で可決というのはいかがなものでしょうか？

　そこで、最近にわかに利用する法人が増えているのが「ハイブリッド方式」です。これは、実開催はした上で、Webやテレビ、電話でのオンライン参加を併用することで、どこからでも会議に参加でき、議論も意見交換もできる優れものです。全く通常の会議と同じと言っても過言ではないでしょう。そのため、このような会議をする法人が急増しています。

　まだ試したことがない法人でも、今後はこの「ハイブリッド方式」の検討が必要になるでしょうから、まずは法人の現在持っている能力に応じた社員総会を開催し、今回のコロナウイルスによる危機を乗り越えた上で、その後にこれを機会

としてオンライン会議などの環境整備に着手してはいかがでしょうか。

　275ページ以降では、ハイブリッド方式での社員総会案内（**資料9**）、委任状及び書面評決書（**資料10**）、総会結果報告（**資料11**）、総会議事録（**資料12**）を記載しますので、参考にしてください。

　コロナの猛威が完全に収束しても、今後の社員総会は、遠隔地や多忙の人に配慮して、大部分はこのような形式になっていくような予感がします。

　なお、ハイブリッド方式については、経済産業省が令和2年2月26日策定した「ハイブリッド型バーチャル株主総会の実施ガイドについて」※をご覧ください。これらは会社の社員総会用に作成されたものですが、社団法人の社員総会に置き換えることができます。是非参考の上、皆様の法人にとってよりよい選択をしてください。

※経済産業省ホームページ（https://www.meti.go.jp/press/2019/02/20200226001/20200226001_2.pdf）

資料1

理事各位殿

一般社団法人○○○○
代表理事　　○○○○

提　案　書

　一般社団法人及び一般財団法人に関する法律第96条の規定及び定款第
○○条第○項に基づき、理事会の決議の目的である事項について下記のと
おり提案いたします。つきましては、各提案事項につきご検討の程よろし
くお願いいたします。
　また、ご同意いただける場合は別紙「同意書」に署名、捺印のうえ、令
和○年○月○○日までにご提出いただきたく存じます。（別途FAXやメー
ル等電子媒体での提出も可能）

記

1）理事長及び常務理事の任期満了に伴う選定の件
　　　　理　事　長　＊＊＊＊（重任）
　　　　常務理事　＊＊＊＊（重任）

以上

資料2

令和○年○月○○日

監事各位殿

一般社団法人○○○○
代表理事　○○○○

提 案 書

　一般社団法人及び一般財団法人に関する法律第96条の規定及び定款第○○条第○項に基づき、理事会の決議の目的である事項について下記のとおり提案いたします。つきましては、各提案事項につきご検討の程よろしくお願いいたします。

　また、ご異議なき場合は別紙「意見書」に署名、捺印のうえ、令和○年○月○○日までにご提出いただきたく存じます。（※別途メールやFAX当電子媒体での提出も可能）

記

1）理事長及び常務理事の任期満了に伴う選定の件
　　　理 事 長　＊＊＊＊（重任）
　　　常務理事　＊＊＊＊（重任）

以上

令和○年○月○○日

一般社団法人○○○○

（氏名・捺印）

理事 ＿＿＿＿＿＿＿＿＿＿＿＿＿＿＿＿＿ 印

同 意 書

　一般社団法人及び一般財団法人に関する法律第96条の規定及び定款第○○条第○項に基づき令和○年○月○○日付け提案書にて提案のあった、理事会の決議の目的である下記事項に同意いたします。

記

第1項　理事長及び常務理事の任期満了に伴う選定の件
　　　　理事長　＊＊＊＊（重任）／常務理事　＊＊＊＊（重任）

以上

資料4

令和○年○月○○日

一般社団法人○○○○

（氏名・捺印）

監事 ＿＿＿＿＿＿＿＿＿＿＿＿＿＿＿＿ 印

意 見 書

　一般社団法人及び一般財団法人に関する法律第96条の規定及び定款第○○条第○項に基づき令和○年○月○○日付け提案書にて提案のあった、理事会の決議の目的である下記事項に異議ありません。

記

第1項　理事長及び常務理事の任期満了に伴う選定の件
　　　　理事長　＊＊＊＊（重任）／常務理事　＊＊＊＊（重任）

以上

書面決議による令和○年度第○回理事会議事録

1　提案者　代表理事　○○○○（※提案者は書面決議提案の通知を出した者）

2　理事会決議があったものとみなされた事項の内容
　　(1)　理事長及び常務理事の任期満了に伴う選定の件

　　　　　　理事長　＊＊＊＊（重任）／常務理事　＊＊＊＊（重任）

3　第○回理事会の決議があったものとみなされた日
　　令和○年○月○○日（※最後に届いた同意書の日付）

4　議事録の作成に係わる職務を行った者の氏名
　　理事　○○○○

　以上のとおり一般社団法人及び一般財団法人に関する法律第96条の規定及び定款○条第○項により、定時理事会の決議があったものとみなされたので、決議を明確にするため、代表理事及び議事録作成者がこれに記名押印する。

　　令和○年○月○○日

　一般社団法人○○○○　令和○年度第○回理事会

　　　　　　代表理事　　　　　○○○○　㊞
　　　　　　議事録作成者　　理事　○○○○　㊞

資料6

令和○年○月○○日

評議員各位殿

一般財団法人○○○○
代表理事　○○○○

提　案　書

　一般社団法人及び一般財団法人に関する法律第194条の規定に基づき、評議員会の決議の目的である事項について下記のとおり提案いたします。つきましては、各提案事項につきご検討の程よろしくお願いいたします。また、ご同意いただける場合は別紙「同意書」に署名、捺印のうえ、令和○年○月○○日までにご提出いただきたく存じます。（別途FAXやメール等電子媒体での提出も可能）

記

1）理事及び監事の任期満了に伴う選定の件
　　　理事　＊＊＊＊ ＊＊＊＊ ＊＊＊＊ ＊＊＊＊（重任）
　　　監事　＊＊＊＊（重任）

以上

資料7

令和○年○月○○日
一般財団法人○○○○

（氏名・捺印）

評議員 _____ 印

同 意 書

　一般社団法人及び一般財団法人に関する法律第194条の規定に基づき令和○年○月○○日付け提案書にて提案のあった、評議員会の決議の目的である下記事項に同意いたします。

記

第1項　理事及び監事の任期満了に伴う選定の件
　　　　理事　＊＊＊＊ ＊＊＊＊ ＊＊＊＊ ＊＊＊＊ ＊＊＊＊（重任）
　　　　監事　＊＊＊＊（重任）

第１項提案事項を承認する。

以上

資料8

書面決議による令和○年度第○回評議員会議事録

1　提案者　代表理事　○○○○（※提案者は書面決議提案の通知を出した者）

2　評議員会決議があったものとみなされた事項の内容
　（1）理事及び監事の任期満了に伴う選定の件

　　　　理事　＊＊＊＊ ＊＊＊＊ ＊＊＊＊ ＊＊＊＊ ＊＊＊＊（重任）
　　　　監事　＊＊＊＊（重任）

3　第○回評議員会の決議があったものとみなされた日
　　令和○年○月○○日

4　議事録の作成に係わる職務を行った者の氏名
　　理事　○○○○

　以上のとおり一般社団法人及び一般財団法人に関する法律第194条の規定により、評議員会の決議があったものとみなされたので、決議を明確にするため、代表理事及び議事録作成者がこれに記名押印する。

　令和○年○月○○日

一般財団法人○○○○　令和○年度第○回評議員会

　　　　代表理事　　　　　○○○○　　㊞
　　　　議事録作成者　理事　○○○○　　㊞

令和○年○月○○日

一般社団法人○○○○　社員各位

一般社団法人○○○○
代表理事　□□□□

令和○○年度　第○回一般社団法人○○○○
定時社員総会のご案内と資料送付について

　時下、ますますご清栄のこととお慶び申し上げます。

　来る○月○日開催の第○回定時社員総会について、下記のとおりご案内と、資料を送付させていただきます。

　なお、<u>新型コロナ感染症の対策の一環として、今回の総会は、委任状または書面議決書を有効に活用して実施したいと思いますので、ご理解ご協力のほどよろしくお願いいたします。</u>

　よって、開催場所には、代表理事と理事数人がWEBで参加し、皆様には社員総会資料を同封しておりますので、議案や議案説明をご覧の上、委任状・書面議決書どちらか一方を選んでいただき、○月○日までに、FAXもしくは郵送にてご回答ください。

※社員がオンラインで参加可能な場合

　よって、今回はWEBによるオンライン開催とさせていただきますので、参加可能な方は別紙記載のURLを同日同時刻にクリックしていただき、ご参加ください。

　WEBによる参加が不可能な場合は、今回総会資料を同封しておりますので、議案や議案説明をご覧の上、委任状・書面議決書どちらか一方を選んでいただき、○月○日までに、FAXもしくは郵送にてご回答ください。

〈定時社員総会の案内〉

＊日　　時
　令和○年○月○日（○）　○○：○○～○○：○○
＊場　　所
　○○市○○町○○（※オンライン開催でも事務局の住所が一番適しています）
＊目　　的
　令和○○年度の事業報告・決算報告の承認及び令和○年度の事業計画・予算書の報告
＊主な審議事項
　第1号議案　令和○年度　事業報告
　第2号議案　令和○年度　決算報告
＊主な報告事項
　第1号報告　令和○年度　事業計画
　第2号報告　令和○年度　予算書
〈添付資料〉
・第○回定時社員総会資料
・委任状及び書面議決書
・WEBによるオンライン参加のためのURL資料

資料10

令和◯年◯月◯◯日

一般社団法人◯◯◯◯
代表理事　□□□□様

　　　　　　　　　　氏名 _____
　　　（必ず氏名をご記入ください・未記入の場合はいずれの場合も無効となります）

※委任状又は書面議決書のいずれかにご記入ください。両方に記入された場合は書面議決書を採
　用します。

委　任　状

　私は、第◯回一般社団法人◯◯◯◯定時社員総会に都合により出席できませんので、議事に関する一切の権限を

　　1. 議長（代表理事）
　　　　または
　　2. _____氏　　に委任します。

書　面　議　決　書

　私は、第◯回一般社団法人◯◯◯◯定時社員総会に都合により出席できませんので、下記事項について書面をもって議決権を行使致します。
（※賛成・反対のどちらか一方に◯印をつけてご返送ください）

記

第1号議案　令和◯年度　事業報告の件　　　　原案に賛成する・反対する

第2号議案　令和◯年度　活動計算書報告の件　原案に賛成する・反対する

以上

資料11

令和〇年〇月〇〇日

一般社団法人〇〇〇〇社員各位

一般社団法人〇〇〇〇〇
代表理事　　□□□□

令和〇年度　第〇回一般社団法人〇〇〇〇
定時社員通常総会の結果報告

　時下、ますますご清栄のこととお慶び申し上げます。
　さて、〇月〇日に開催いたしました、第〇回定時社員総会での審議結果を、下記のとおりご報告させていただきます。

記

令和〇年度　第〇回一般社団法人〇〇〇〇通常総会結果

〈議案〉
　第1号議案　令和〇年度　事業報告　　賛成〇〇　反対〇〇　無効〇〇
　第2号議案　令和〇年度　決算報告　　賛成〇〇　反対〇〇　無効〇〇

〈結果〉
　すべての議案について、過半数の賛成をもって可決されました。

以上

資料12

令和○年度　第○回一般社団法人○○○○
定時社員通常総会議事録

1. 開催日時　　　　令和○年○月○○日（○）午前○時○分～○時○分
1. 開催場所　　　　当法人事務局　　東京都○○区○○　○-○-○
1. 社員数　　　　　正会員○○○名
1. 出席者数　　　　正会員○○○名
　　内訳　本人出席○○○名（WEB参加者含む）、表決委任者○○名、
　　　　　書面表決者○○名

　上記のとおり定足数に足る出席があったので、定款の規定により議長の選出と議事録署名人の選出が行われ、議長は代表理事が、議事録署名人に○○氏と○○氏がそれぞれ選出された。その後、議長は開会を宣し、議案の審議に入った。

1. 議案の審議
　①第1号議案　令和○年度事業報告承認の件
　②第2号議案　令和○年度決算承認の件
　　第1号議案、第2号議案について関連議案として一括上呈され、会計担当である○○理事から、説明がなされ、次いで令和○年度監査報告を○○監事が行った後、議長は本2議案に対する質疑を求めた後裁決を行い、ともに賛成多数で可決承認された。

2. 報告議案
　①令和○度事業計画について
　②令和○年度予算書について
　　会計担当の○○理事より、先に行われた令和○年度理事会において全会一致で承認可決された事業計画及び予算書について報告がなされた。

　議長は、以上をもって本日の議案の審議についてはすべて終了した旨を述べ、議長職の解任を求めた後、午前○時○分閉会した。

　上記議事の審議内容及び議決結果を明確にするためにこの議事録を作成し、議長及び議事録署名人がこれに署名押印する。

　令和○年○月○○日
　　　一般社団法人○○○○　第○回定時社員総会

　議長（代表理事）　　　　　　　　　　印
　議事録署名人　　　　　　　　　　　　印
　議事録署名人　　　　　　　　　　　　印

11

社員総会運営に係る Q&A

※経済産業省が令和2年4月に発表した新型コロナウイルス感染症拡大下における「社員総会運営に係るQ&A」を参考に著者が社団法人や財団法人用に修正して作成

> **Q** 社員総会の招集通知等において、新型コロナウイルスの感染拡大防止のために社員に来場を控えるよう呼びかけることは可能ですか。

A 可能です。

会場を設定しつつ、感染拡大防止策の一環として、社員に来場を控えるよう呼びかけることは、社員の健康に配慮した措置と考えます。

なお、その際には、併せて書面や電磁的方法による事前の議決権行使の方法を案内することが望ましいと考えます。なぜなら、来ないで欲しいと伝えるだけでは、社員の権利を著しく阻害することになり、一部のもので議決したいという意思表示になってしまうからです。

どんなことがあるにせよ、社員には必ず書面や電磁的方法で参加してもらうよう最大限の努力をしなくてはいけません。

> **Q** 会場に入場できる社員の人数を制限することや会場に社員が出席していない状態で社員総会を開催することは可能ですか。

A 可能です。

社員に来場を控えるよう呼びかけることに加えて、新型コロナウイルスの感染拡大防止に必要な対応をとるために、やむを得ないと判断される場合には、合理的な範囲内において、自社会議室を活用するなど、例年より会場の規模を縮小することや、会場に入場できる社員の人数を制限することも、可能と考えます。

現下の状況においては、その結果として、設定した会場に社員が出席していなくても、社員総会を開催することは可能と考えます。この

場合、書面や電磁的方法による事前の議決権行使を認めることなどにより、決議の成立に必要な要件を満たすことができます。

　なお、社員等の健康を守り、新型コロナウイルスの感染拡大防止のために社員の来場なく開催することがやむを得ないと判断した場合には、その旨を招集通知や法人のホームページ等に記載し、社員に対して理解を求めることが考えられます。

Q 社員総会への出席について事前登録制を採用し、事前登録者を優先的に入場させることは可能ですか。

A 可能です。

　会場の規模の縮小や、入場できる社員の人数の制限にあたり、社員総会に出席を希望する者に事前登録を依頼し、事前登録をした社員を優先的に入場させる等の措置をとることも、可能と考えます。

　なお、事前登録を依頼するにあたっては、全ての社員に平等に登録の機会を提供するとともに、登録方法について十分に周知し、社員総会に出席する機会を社員から不公正に奪うものとならないよう配慮すべきと考えます。つまり、全員に通知が行き届かない状態で先着順に受け付けたり、一部のものだけに知らせて参加させたりすることがないよう、すべての社員に事前登録をするチャンスを与えましょう。できれば一定期間に応募してもらい、参加できる社員を平等に抽選することが望ましいでしょう。

Q 発熱や咳などの症状を有する社員に対し、入場を断ることや退場を命じることは可能ですか。

A 可能です。

　新型コロナウイルスの感染拡大防止に必要な対応をとるために、ウイルスの罹患が疑われる社員の入場を制限することや退場を命じることも、可能と考えます。

　逆に言うと、そういう社員を排除しない方法を選ぶことの方が困難です。可能というよりも必須という方が正しいでしょう。

Q 新型コロナウイルスの感染拡大防止に必要な対応をとるために、社員総会の時間を短縮すること等は可能ですか。

A 可能です。

新型コロナウイルスの感染拡大防止に必要な対応をとるために、やむを得ないと判断される場合には、社員総会の運営等に際し合理的な措置を講じることも、可能と考えます。

具体的には、社員が会場に滞在する時間を短縮するため、例年に比べて議事の時間を短くすることや、社員総会後の交流会等を中止すること等が考えられます。

ただし、議案に対する質疑をカットすることや一部の者だけに発言を許可することは平等性に著しく欠けることになります。その場合は、質疑などをあらかじめ提出してもらうことも検討しましょう。

公益総研のご案内

　公益総研は、日本で唯一の公益法人制度やNPO法人制度の専門シンクタンクとして、法律や税務に関する国家資格者が専門性を生かし、『一般社団法人・一般財団法人』の設立のみならず、設立してからの理事会や社員総会の運営コンサルティングやさらにその先の『公益社団法人・公益財団法人』になるための公益認定取得に関するコンサルティング、さらに事務代行など、それぞれの法人の運営や各種手続が円滑に行われるように、様々なサポートを行っています。

一般社団・財団法人の設立サポートとは

● 誰でも新たに『一般社団法人・一般財団法人』を設立することができるようになりました。団体の新規設立が円滑に進行するよう、定款の作成から始まって、登記完了まで責任もってお手伝いをいたします。

● また、『一般社団法人・一般財団法人』の税金は、収益事業のみに課せられる「非営利型」と全所得に課税される「普通型」に分かれます。団体に合わせて有利な方を選択し、決算まで責任もってサポートします。

公益法人になるためのサポートとは

● 社会的な信用のある『公益社団法人・公益財団法人』に移行するためには、『一般社団法人・一般財団法人』を設立し、さらに行政庁に対して公益認定申請をして認定を取得しなくてはなりません。しかし、認定基準は厳しく複雑で、簡単に認定されるわけではありません。そこで、『公益社団法人・公益財団法人』の認定を得られるよう、手続に関する助言・指導・書類作成・申請代行等を行います。

講演・出張相談・面接相談のサポートとは

● 公益法人制度改革の舞台裏まで知る、本著の著者である「福島達也」をはじめ、選りすぐりの研究員が、皆様のところに出向いて、法人運営や法律制度に関する講演や出張相談を行っています。ご要望があれば、北海道から沖縄までどこでも出向きます。

● 理事会・評議員会・総会・委員会等に出席して、法人運営や法律制度の解説や助言等を行い、参加者からの質疑に応じ、疑問点を解消し、現段階の最善策を提案します。弊社内での面接相談も可能です。

事務代行サポートとは

● 法務や税務のスペシャリストでありながら、会計事務代行は月額3.3万円（税込）から、事務局の完全代行は月額11万円（税込）からという低価格で、公益法人、NPO、NGO、学会、研究会、各種団体等の会計事務や事務局運営を代行いたします。

● 事務局代行の場合、事務局の人件費や家賃等の心配はいりません。わずらわしい日々の会計業務もすべて含まれておりますので、わざわざ月々何万円もかけて税理士等に顧問料を払う必要もありません。さらに、運営に欠かせない学会誌や広報誌、名簿などの制作、Webサイトの制作なども同時にご依頼いただけますので、迅速かつ効率的な事務局運営が可能です。

● また、会計事務代行の場合、入出金の情報をいただければ、毎月の入力から決算処理まですべて代行いたします。会計の専門家や会計専門のスタッフも不要となり、安心して活動に専念できます。

● さらに、登記を希望する団体は、弊社内に登記することもできます。登記可能な都市は、東京都港区・大阪府大阪市福島区・福岡県福岡市博多区です。

事務局代行・会計事務代行の特徴

・専属のスタッフを雇う必要はありません。賞与も社会保険も不要です。

・法務・会計税務・労務・資産保護等、法律的な支援が受けられます。

・とにかく、コスト削減と効率化、システム化を図りたい団体にはピッタリです。

・手続・登記・税務申告等、各国家資格者が担当しますのですべての代行業務が可能です。

公益総研㈱

〒105-0004　東京都港区新橋6-7-9　新橋アイランドビル
（JR新橋駅徒歩9分、都営三田線御成門駅徒歩5分、
都営大江戸線大門駅徒歩8分）
TEL　03-5405-1811　　FAX　03-5405-1814
ホームページ　www.iva.jp/nposouken/
メール　souken@iva.jp

著者紹介

福島　達也（ふくしま　たつや）

● 東京都生まれ。東京都立大学大学院都市科学研究科修士課程修了。
● 田園調布学園大学講師
● 公益財団法人公益推進協会代表理事
● 公益総研　非営利法人総合研究所首席研究員兼CEO
● 1998年にNPO法人設立運営センターを開設。その後2003年に非営利法人総合研究所を開設。現在は、非営利セクターの専門家として、日本全国で公益法人、NPO法人の設立や運営に関するコンサルティング・研修・講演を行い、また大学において社会起業を教える。
● 東京都多摩市都市計画審議会委員、国際交流センター理事、東京都足立区NPO活動支援センター運営委員長、東京都町田市外郭団体監理委員会委員長、東京都町田市事業仕分け委員、東京都観光まちづくりアドバイザーなどを歴任。行政書士。
● 著書に『これ1冊で必ずできる！　NPO法人運営マニュアル』（学陽書房）
　『これ1冊で必ずできる！　NPO法人設立マニュアル』（学陽書房）
　『新公益法人になるための公益認定完全ガイド』（学陽書房）
　『すぐわかる！　新公益法人制度　改訂版』（学陽書房）
　『プロが教える・よくわかるNPO入門』（Ｊリサーチ出版）
　などがある。

一般社団・財団法人設立完全マニュアル　第3次改訂版

2021年11月12日　初版発行
2024年 4 月12日　4 刷発行

著　者　　福島　達也
発行者　　佐久間重嘉
発行所　　学 陽 書 房

〒102 - 0072　東京都千代田区飯田橋 1 - 9 - 3
営業　TEL　03 - 3261 - 1111　FAX　03 - 5211 - 3300
編集　TEL　03 - 3261 - 1112
http://www.gakuyo.co.jp/

装丁　佐藤 博
本文デザイン・DTP制作　岸 博久（メルシング）
印刷・製本　三省堂印刷
Ⓒ Tatsuya Fukushima 2021, Printed in Japan.

ISBN 978 - 4 - 313 - 81529 - 2　C2032